Mic

avec Séverine Nikel

La gauche
au pouvoir

L'héritage du Front populaire

Bayard

AVERTISSEMENT

Ce livre a été construit et écrit à partir d'une série d'entretiens avec Séverine Nikel. Pour des raisons de lisibilité, nous avons préféré faire disparaître les questions, mais le style parfois oral nous a semblé devoir être conservé pour souligner le caractère vivant du propos et son ancrage dans l'actualité.

La transcription des entretiens a été effectuée par Maïlys Bouvet.

ISBN-10 : 2.227.47557.9
ISBN-13 : 978.2.227.47557.1
© Bayard, 2006
3 et 5, rue Bayard, 75393 Paris Cedex 08

PRÉFACE

Le Front populaire de 1936 est resté longtemps une référence de la gauche. Peut-être l'est-il encore aujourd'hui, soixante-dix ans plus tard, à un moment où, en France, la gauche divisée, émiettée, en quête d'elle-même, a besoin de retrouver la voie de l'unité. Car le Front populaire, s'il a été une grande étape de notre histoire sociale, a voulu être d'abord l'union de toutes les forces de gauche, si naturellement enclines à s'opposer les unes aux autres.

Cette union devrait être plus facile à réaliser aujourd'hui qu'à une époque où le Parti socialiste et le Parti communiste étaient séparés en profondeur et que le plus fort des partis de gauche, électoralement parlant, restait jusqu'au début des années 1930 le Parti radical qui n'adhérait pas aux principes des deux partis marxistes. L'union de ces trois grandes formations paraissait bien improbable, si ce n'est qu'elles se découvrirent un ennemi commun dans le fascisme. Le Rassemblement populaire fut ainsi, d'abord, une alliance défensive, où l'environnement international joua son rôle, puisque c'est le danger hitlérien qui détermina Staline à favoriser partout l'accord des partis communistes avec les partis socialistes et/ou démocratiques.

L'imprévisible arriva au lendemain de la victoire électorale du Front. Ce fut un immense mouvement de grèves, non préparé, contagieux, victorieux, qui aboutit à la législation sociale la plus avancée de l'histoire de France. De défensive, l'union des gauches, fouettée par l'enthousiasme populaire, devenait offensive. La condition ouvrière allait en sortir changée.

Malgré la victoire des urnes et la victoire des grèves, le Front populaire a fait long feu. Le gouvernement de Léon Blum ne dura qu'une année et l'union des forces de gauche ne dépassa pas deux ans. La victoire s'est transformée en échec.

C'est sur cet élan triomphal mais aussi sur sa retombée que porte ce petit ouvrage issu des entretiens que nous avons eus, Séverine Nikel et moi-même. Tout en décrivant les phases les plus importantes de l'événement historique, nous n'avons pas perdu de vue notre situation d'aujourd'hui, à quelques mois d'une échéance électorale de grand enjeu. Qu'y a-t-il de commun entre 2006 et 1936 ? Qu'y a-t-il de différent ? Le Front populaire aurait-il vertu d'exemplarité pour la gauche ? Ou n'est-il qu'un souvenir en forme d'image d'Épinal dans l'album de grand-père ? La question centrale qui est posée, aujourd'hui comme hier, est de savoir si la gauche a vocation à gouverner ou si cette vocation n'est plutôt pas de s'opposer, de constituer le pouvoir tribunicien, désapprouvant, aiguillonnant, corrigeant ceux qui gouvernent.

Il semble pourtant que, depuis 1936, cette gauche devenue « socialiste » ait acquis une culture de gouvernement qui n'appartenait avant la Seconde Guerre mondiale qu'à la gauche « radicale-socialiste ». Au demeurant, le socialisme français reste tellement isolé par rapport aux social-démocraties du reste de l'Europe que les doutes demeurent.

Je ne suis pas sûr qu'il existe des « leçons de l'histoire », mais je suis certain qu'entre l'ignorance de l'histoire et l'ignorance des temps que nous vivons la ligne droite est le chemin le plus court.

M. W.

CHAPITRE 1
MÉMOIRES

Le Front populaire, ce sont d'abord, pour beaucoup d'entre nous, des images et des symboles : celles des ouvriers en grève, celles des congés payés, images de joie, de fierté, de dignité conquise. Une mémoire héroïque et festive. Mais un retour en arrière s'impose pour comprendre toute son importance, sa nouveauté. Le Front populaire, c'est en premier lieu une union de la gauche. Or la gauche a toujours été, en France, divisée. Depuis quand parle-t-on de la gauche ? Le mot remonte à la Révolution française, mais il n'est entré véritablement en usage qu'à partir du début du XXe siècle, lorsque, en 1902, après les remous de l'affaire Dreyfus, le « Bloc des gauches » l'a emporté aux élections législatives. Notez le pluriel : Bloc des gauches.

Victoire politique, victoire sociale

Jusqu'alors, la gauche, même si on n'emploie pas le mot, c'est un camp républicain pluriel, qui s'oppose aux monarchistes et aux tenants de l'Empire. Ce camp républicain a connu un premier moment d'unité et une première grande victoire à la suite de la crise du 16 mai 1877, après la dissolution de la Chambre des députés par le président de la République, Mac-Mahon – un président de la République singulier, puisqu'il était plutôt monarchiste. L'union de la gauche républicaine menée par Gambetta a remporté les élections et la République a été alors définitivement installée. La première victoire de l'union des gauches a donc eu pour résultat l'instauration définitive de la République en 1877.

Entre 1877 et 1902, la gauche se diversifie encore, avec la naissance du mouvement socialiste. De sorte qu'au début du XXe siècle, on peut distinguer, pour simplifier, trois grands courants à gauche : 1) le courant radical, alors le plus important – le Parti radical-socialiste est créé en 1901 ; 2) ceux que l'on appelle les « opportunistes », disons des républicains modérés, parmi lesquels René Waldeck-Rousseau et Raymond Poincaré (qui passera à droite dans les années qui précèdent la Grande Guerre) ; 3) enfin, les socialistes, divisés entre les partisans de Jean Jaurès et ceux de Jules Guesde (il faut attendre 1905 pour que naisse un parti socialiste unifié, la SFIO).

En 1902, le bloc des gauches rassemble ces trois composantes, dans le contexte troublé de l'affaire Dreyfus, contre les menaces de coup d'État des ligues nationalistes. Et, pour la deuxième fois, l'union de la gauche triomphe. Cette victoire porte au pouvoir Émile Combes, qui mène une politique très anticléricale, dont l'aboutissement est la grande loi de 1905 de séparation des Églises et de l'État. Deux moments fondateurs, donc, de l'histoire de la République.

Jusqu'en 1936, il n'y a plus eu d'union de la gauche en France. Avec la guerre de 1914, une union sacrée s'est formée, mais au-delà de la gauche. Et voilà qu'en 1920, au congrès de Tours, naît de la scission de la SFIO une nouvelle composante à gauche : le Parti communiste. Un Cartel des gauches remporte les élections de 1924, mais il résulte de l'association électorale entre les socialistes et les radicaux : ce n'est dont pas un rassemblement de toutes les gauches. En 1932, on retrouve la même alliance éphémère, une alliance électorale, qui n'est pas suivie par un véritable gouvernement d'union.

Le Parti communiste, quant à lui, se tient dans une opposition farouche, mais il ne représente pas encore une force électorale, d'autant que le mode de scrutin qu'on appelle le scrutin d'arrondissement (uninominal à deux tours) lui interdit une véritable percée. Conformément aux instructions du Komintern (la IIIe Internationale), il suit une ligne d'isolement très sectaire, la ligne « classe contre classe », qui condamne le Parti socialiste baptisé « parti social-fasciste », supposé allié au grand capital. C'est le parti qu'il faut abattre, si l'on veut arriver à la révolution. Vous voyez à quel point, dans cette histoire très rapidement esquissée, l'unité de la gauche a été difficile.

Le Front populaire, c'est donc d'abord la troisième tentative d'union des gauches, qui inclut pour la première fois le

Parti communiste. C'est la première raison pour laquelle c'est une grande date dans notre histoire politique. Une grande date aussi dans celle du Parti communiste français, car les élections de 1936 vont lui permettre de réaliser enfin la percée électorale qu'il attendait : avec 70 députés, il est le grand bénéficiaire de cette union, même s'il est encore en voix et en sièges derrière les deux autres partis de la gauche.

Mais le Front populaire, c'est aussi une grande date de notre histoire sociale, avec les grèves sans précédent de mai et juin 1936. Lorsque la victoire électorale a été consommée, Léon Blum, désigné bientôt comme chef du gouvernement, n'a pas pris immédiatement les rênes du pouvoir. Très respectueux des coutumes et des rites de la IIIᵉ République, il a attendu près d'un mois pour devenir réellement le président du Conseil. Et c'est dans cet espace compris entre les élections victorieuses et la formation du gouvernement du Front populaire que s'est déclenché un mouvement de grève, parti de la base, qui atteint peu à peu plus de 3 millions de salariés. Un mouvement inouï, avec des formes de lutte tout à fait nouvelles en France, les occupations d'usines. Et derrière les grilles de ces usines occupées, où les ouvriers restent jour et nuit, les ateliers et les cours vont prendre une allure de fête.

Cette conjugaison de la victoire électorale et des grandes grèves aboutit à l'accord Matignon signé le 7 juin et aux lois sociales qui suivent : une avancée considérable dans la législation sociale du pays. En ce début de juin règne le sentiment d'une victoire du Front populaire, qui est fondamentalement une victoire ouvrière.

Nous évoquions les images qui ont marqué les mémoires. La première, sans doute, est celle de l'usine occupée, celle de la puissance ouvrière qui occupe les usines des patrons, dont on a gardé de nombreuses traces photographiques. Cette usine qui reste reliée au reste de la société par ces fameuses grilles à travers lesquelles des femmes passent des vivres. Une deuxième image, c'est celle des manifestations de masse. Je pense en particulier à celle du 14 juillet 1935. Le matin avait eu lieu un grand rassemblement au stade-vélodrome Buffalo, à Montrouge, où les participants avaient prêté serment de faire cause commune et de rester unis ; l'après-midi, environ 100 000 personnes défilent de la Bastille à la Nation. « Jamais, écrit Léon Blum le lendemain dans *Le Populaire*, je n'avais assisté à un tel spectacle. Peut-être Paris n'en a-t-il jamais vu de pareil. Et ce qui s'est passé à Paris se passait en même temps dans la France entière. » La troisième image, ce serait celle du tandem qu'évoque Léon Blum au procès de Riom en 1942 quand il décrit des jeunes couples qui partent vers les loisirs, les Auberges de la jeunesse, les premières vacances au bord de la mer. Ou ce pourrait être tout simplement celle des baigneurs de la Manche ou de l'Atlantique, ces femmes qui découvrent la mer et qui n'ont pas de maillot de bain, qui retroussent leur jupe ou leur robe pour mettre pour la première fois leurs mollets dans l'eau de mer.

Voilà les deux grands traits – victoire politique, victoire sociale – qui sont restés gravés dans les mémoires. Lorsque plus tard l'union des gauches semblait littéralement impossible, il y a toujours eu des militants, en particulier au PCF, des intellectuels, pour réclamer un « front populaire ». La nostalgie d'un combat victorieux est demeurée dans les esprits, dans les revendications, dans le mouvement syndical. Voilà pourquoi le Front populaire, qui a pourtant été une expérience très brève – au bout d'un an, déjà, c'est quasiment fini –, est resté une référence capitale dans les mémoires de la gauche.

Quand je dis une référence, je pourrais aussi bien dire une légende. Le caractère légendaire du Front populaire a été servi par les images qu'on a gardées : la photographie et le cinéma – y compris le cinéma de fiction, que l'on songe à *La belle équipe* de Duvivier – ont enrichi remarquablement la culture politique de gauche. Les défilés, les occupations d'usines, les discours de Thorez ou de Blum à différentes tribunes. Mais le héros de ce récit légendaire a été l'ouvrier, le « prolo » en casquette, qui se distingue du bourgeois en chapeau mou. Et n'oublions pas les femmes, celles des grands magasins et des services publics, en « cheveux » (les « dames » portent le chapeau) et en blouse. Ces images attestent l'émergence de toute une classe sociale dans la vie politique, en même temps que celle des masses dans la rue.

Mythologies de droite et de gauche

Le Front populaire, c'est aussi pour toute une tradition de droite un très mauvais souvenir, et un repoussoir ! Le Front populaire a fait peur, c'est certain. Il a provoqué, chez les possédants, la peur sociale, la peur de la révolution, et, du point de vue de la sensibilité, la peur de la barbarie. Peur de ces ouvriers, qui apparaissent alors comme des semi-barbares. Je le dis sans forcer la caricature : il existe toute une bourgeoisie dans ces années 1930 qui n'a jamais été au contact des ouvriers. Et quand elle les voit à l'été prendre leurs premiers congés payés, faire irruption dans les stations balnéaires, elle le ressent comme une véritable offense au bon goût, à la qualité de vie, une menace pour ses propriétés, une invasion.

Et puis bien sûr, il y a toute cette législation qui ne fait pas plaisir à la droite conservatrice, même si dans certains rangs de la droite extrême, elle est appréciée – les Croix-de-Feu défendent la législation ouvrière, et prétendent même vouloir aller plus loin.

N'oubliez pas non plus que c'était la première fois qu'un gouvernement de gauche était soutenu par les communistes. Le bolchevisme, c'était une nouvelle « grande peur ». Et quand la guerre d'Espagne a éclaté, à partir du 18 juillet 1936, on a pu assister à une sorte de guerre civile mimétique en France. Quand on lit la presse, celle de droite et celle de gauche, on voit une lutte des classes exacerbée et une guerre civile qui prend la forme de la violence verbale.

Les adversaires politiques ont été en effet très violents. Je pense en particulier à Xavier Vallat, député de la droite dite « nationale » et à son discours antisémite lors de l'investiture de Léon Blum : « Pour la première fois, ce vieux pays gallo-romain sera gouverné par un juif. » Le président de la Chambre, Édouard Herriot, a remis à sa place Vallat, mais le discours antisémite de celui-ci a été largement applaudi par les députés de droite. La droite a fait du Front populaire un contre-mythe. Autant le Front populaire est devenu un mythe mobilisateur, une référence pour la gauche, autant il a été un mythe repoussoir pour la droite : « Plus jamais ça ! » Ça : les occupations d'usines, les énormes manifestations dans les rues, les meetings, les violences redoutées, les congés payés, etc.

Lorsque mes enfants étaient petits, je me souviens avoir eu avec le pédiatre, qui passait régulièrement les voir, de longues discussions de politique et d'histoire. Il avait une idée fixe : Léon Blum nous avait fait perdre la guerre, le Front populaire était responsable de la défaite de 1940. C'est un autre grand thème de la mise en accusation du Front populaire par la droite, outre la peur sociale. Le procès de Riom, sous Vichy, a tenté d'accréditer cette thèse et y est visiblement parvenu, au moins dans certains secteurs de l'opinion.

À gauche, ce mythe mobilisateur a joué un rôle fondamental. Jusqu'aux années 1960, le Front populaire est la référence de l'union de la gauche. Mais, au lendemain de la guerre, à partir de 1947, toute union de la gauche est rendue impossible par la guerre froide. Les communistes ne peuvent entrer dans aucune combinaison gouvernementale ou majoritaire, à cause du conflit Est-Ouest et de leur alignement inconditionnel sur Moscou. Ils sont un poids mort et ils détiennent une capacité de nuisance considérable : ils ont 5 millions de voix, 150 députés. Le Parti communiste va, selon la conjoncture, essayer de renouer avec les socialistes, de faire alliance. Mais les socialistes se méfient. Ils sont de plus en plus anticommunistes. Ils ont vu comment, dans les pays de l'Est, avec le coup de Prague en Tchécoslovaquie en 1948, l'alliance peut aboutir au pouvoir sans partage des communistes.

Pour des raisons tactiques, au cours de cette période, les communistes réaffirment à plusieurs reprises la nécessité d'un Front populaire. Le 2 janvier 1956, le Front républicain, qui rassemble le Parti socialiste, les radicaux et les mendésistes remporte les élections législatives. Mais il n'y a pas de majorité de gauche possible sans les communistes. Dans ce contexte, les communistes d'abord, évidemment, mais aussi des intellectuels, des journalistes, qui voudraient en finir avec la troisième force, cette alliance des socialistes avec la droite, réclament un « Front populaire ».

Les intellectuels de gauche ont régulièrement soutenu l'idée d'un nouveau Front populaire, en se désolant de l'antagonisme entre communistes et socialistes. Ce fut une tendance de *France Observateur*, le magazine animé par Claude Bourdet et Gilles Martinet. Cet hebdomadaire, né en 1950 et qui laissera place en 1964 au *Nouvel Observateur*, représentait le courant neutraliste qui était aussi demandeur d'une nouvelle union de la gauche. C'était le cas aussi des *Temps Modernes*, la revue de Sartre. Je pense en particulier à un numéro spécial des *Temps Modernes* de 1955, consacré à la gauche, dans lequel la mémoire du Front populaire a une place. En particulier, il y a une enquête faite à partir de photos et l'une de ces photos représente des ouvriers qui occupent une usine et qui sont en train de danser.

Du mot d'ordre à l'histoire critique

C'est aussi à la fin des années 1950 et dans les années 1960 que les premiers ouvrages d'histoire sont publiés. Le Front populaire, tout comme Vichy ou la Résistance, n'a pas trouvé tout de suite ses historiens. La première grande étude de nature universitaire est la thèse annexe de Georges Dupeux : *Le Front populaire et les élections de 1936*, publiée en 1959 : une étude électorale. Le deuxième ouvrage, beaucoup plus public, dans la collection « Kiosque » est celui de Louis Bodin et Jean Touchard, en 1961, *Front populaire, 1936*, un livre qui, comme la collection l'imposait, est composé à partir de coupures de presse.

Il y a eu, bien sûr, des livres de mémoires, d'acteurs, de militants. Celui de Jean Guéhenno, qui était un des piliers du Comité de vigilance des intellectuels antifascistes, publié dès 1939, Le *Journal d'une révolution, 1937-1938* ; celui d'André Delmas, *À gauche de la barricade,* en 1950, une chronique syndicale de la période ; et puis les livres très importants de Simone Weil, cette philosophe qui était établie à l'usine, qui a quitté sa classe pour aller se mêler aux ouvriers de chez Renault (comme plus tard les maos des années 1960, les « établis »), qui publie *La condition ouvrière* chez Gallimard, en 1951 : un témoignage extraordinaire sur les journées de grève de juin 1936. Parmi les livres de témoins critiques, on peut citer aussi celui de Colette Audry, *Léon Blum ou la politique du juste*, un ouvrage à la fois amical et très critique du juridisme de Blum (1955). Il faut faire une place à l'ouvrage de très grande qualité de Marc Danos et Marcel Gibelin, publié en 1952 aux Éditions ouvrières : *Juin 1936*, tout à la gloire du Front populaire, et des grandes grèves de juin 1936.

Parmi les acteurs qui ont eu une réflexion critique sur le Front populaire, il faut signaler l'ouvrage de Daniel Guérin, dont le titre est tout un programme : *Front populaire, révolution manquée*, publié en 1963 par cet ancien militant de la tendance gauchiste qui était dirigée par Marceau Pivert. Jamais la France du XXe siècle n'a connu une telle occasion révolutionnaire, nous dit-il, et si la révolution n'a pas eu lieu c'est en raison de la timidité, de la prudence des chefs du Front populaire, qui n'ont pas su s'appuyer sur la formidable vague de grèves de juin 1936, et qui n'avaient pas la trempe d'un Lénine.

Pour revenir aux ouvrages universitaires, l'analyse de référence reste celle de Georges Lefranc, membre du Parti socialiste, normalien et agrégé d'histoire, *Histoire du front populaire, 1934-1938*, publiée chez Payot, en 1965. Le même a publié un très beau livre l'année suivante dans la collection « Archives », chez Julliard : *Juin 1936*, avec un sous-titre : *L'explosion sociale du Front populaire,* où textes et témoignages étaient mis en forme. Au mois de mars 1965, le premier grand colloque consacré au Front populaire, « Léon Blum, chef de gouvernement », se tient à la Fondation nationale des sciences politiques, présidé par Pierre Renouvin, René Rémond et Ernest Labrousse. C'est une contribution capitale à la connaissance du Front populaire qui propose aussi des témoignages sous forme de discussion, notamment sur la non-intervention dans la guerre d'Espagne décidée par Léon Blum.

Ces ouvrages de type universitaire ont fait peu à peu sortir le Front populaire des mythologies de gauche et de droite. On a mieux perçu les contradictions qui existaient entre ses différentes composantes, entre les impératifs opposés auxquels il fut soumis (notamment la politique sociale et la défense nationale).

Sans doute la multiplication des études, dans les années 1960, est-elle rendue possible par un effet de recul : la distance permettait l'analyse. Peut-être aussi, et j'avance cette hypothèse avec prudence, cet intérêt est-il suscité par le fait que, dans une époque dominée par le gaullisme, l'opposition de gauche n'est guère brillante. Elle réussit une percée en 1965 lors de l'élection présidentielle au suffrage universel.

Grande est la surprise quand François Mitterrand (aidé par Jean Lecanuet) a mis le Général en ballottage. Mais à part cet épisode, la gauche se cherche. Elle est divisée comme toujours. Il y a chez beaucoup par conséquent, en face d'un pouvoir qui semble inamovible, dans une France qui n'est plus véritablement la République démocratique mais celle du « pouvoir personnel » de De Gaulle, un désir croissant de reconstituer une union de la gauche. La période de la « détente » sur la scène internationale, inaugurée par la fin de la crise des fusées de Cuba, se prête au rapprochement entre les partis de gauche. Au deuxième tour des législatives de 1962, on observe ce qu'on n'avait pas vu depuis 1936 : des désistements entre candidats socialistes et communistes.

Et tout naturellement le Front populaire se présente comme la référence la plus importante. Il n'y en a d'ailleurs pas d'autre disponible : les unions du début du siècle n'avaient pas inclus le Parti communiste. Il ne s'agit pas de renouveler l'expérience terme à terme, néanmoins, il faut l'étudier, l'analyser pour la refaire selon des modalités plus efficaces, d'une efficacité plus durable.

C'est ainsi que le Parti communiste a été très attentif dans ces années-là à l'étude du Front populaire. L'année 1966, notamment, au mois d'octobre, la conférence scientifique internationale organisée par l'Institut Maurice Thorez a consacré ses travaux au thème « Le Front populaire de 1936 et l'action de Maurice Thorez ». Il s'agissait aussi de répondre à des besoins actuels. Il y a donc une dimension politique de l'intérêt pour le Front populaire. Waldeck Rochet, secrétaire général du PCF, qui inaugure le colloque, rappelle l'importance du tournant que le Parti communiste a pris à partir de l'été 1934 pour s'allier au Parti socialiste. Et que tout le mérite en revient à Maurice Thorez. Du point de vue marxiste, que signifiait cette alliance ? Elle signifiait l'alliance de la classe ouvrière avec les classes moyennes, et elle visait la défense de la démocratie à l'intérieur et la défense nationale à l'extérieur. Il s'agissait d'unir toutes les forces populaires contre le capital que l'on appelait les « deux cents familles », et que dans les années 1960 on nomme les « monopoles ». Il s'agissait de valoriser la politique du Front populaire, qui était celle de l'alliance du parti léniniste avec les autres forces de gauche, et on n'insistait pas trop sur la période des années précédant 1934, années d'hostilité envers le PS. Vous voyez l'intérêt de la mémoire et de l'histoire du Front populaire pour les communistes : réactiver ce grand moment d'unité dans la France gaulliste, pour revenir au pouvoir.

Je pense que le PCF n'a jamais complètement abandonné cette attitude. À la fin du mois d'août 2005, Marie-George Buffet a défendu à Marseille l'unité d'un peuple de gauche et l'a appelée une « union populaire » qui devait être réalisée pour l'élection présidentielle de 2007. Ce n'est plus « Front populaire », qui sans doute connote une période trop ancienne, révolue, mais l'idée reste la même : la volonté d'union entre toutes les couches sociales, qui sont victimes du capital qu'on appelle aujourd'hui les « multinationales ». Mais le Front populaire reste une référence historique de l'union des gauches, on pourra toujours, notamment à l'occasion de tel ou tel anniversaire, le commémorer.

La mémoire de la grève

Au lendemain de la guerre, en 1947, en 1953, des mouvements de grève importants ont eu lieu. Mais en 1947-1948, époque de la grande scission ouvrière au sein de la CGT, avec la création de la CGT-FO, minoritaire, le Front populaire n'est pas d'actualité. Les grandes grèves qui sont lancées par le Parti communiste à la fin de 1947 et en 1948 sont des grèves assurément politiques. Á ce moment-là, nous sommes en pleine lutte entre communistes et socialistes comme dans les années 1920, à ceci près que les communistes sont devenus les plus forts et que les socialistes participent au gouvernement. L'un d'eux, Jules Moch, ministre de l'Intérieur de novembre 1947 à octobre 1949 – un ministre très « musclé » et un ancien du Front populaire – s'attire les foudres des communistes.

Cela dit, les grandes grèves de 1936, avec l'accord Matignon et la législation que l'on sait, ont été une étape très importante dans l'histoire ouvrière et ont donné, plus ou moins consciemment, l'idée aux ouvriers qu'ils détenaient une véritable force par la masse, par la grève. L'événement est resté profondément ancré dans les mémoires syndicales. Et les syndicalistes des années 1950 sont presque tous des anciens du Front populaire. Léon Jouhaux, devenu président de la CGT-FO, était le leader de la CGT d'avant-guerre. Benoît Frachon, qui est désormais le secrétaire général de la CGT communiste, est lui aussi un ancien de 1936. Sans doute, chaque fois qu'il y a un mouvement de grève important, les syndicalistes, les ouvriers, mais aussi les journalistes, ont à l'esprit cette référence. Cette référence qui est restée durable en raison de l'originalité, de la nouveauté et de la puissance du mouvement de grève de 1936.

Autre grand moment d'irruption du peuple sur la scène politique : Mai 68. En 1968, dans les grandes grèves, la mémoire de 1936 n'est certainement pas invoquée par ceux qui ont lancé le mouvement étudiant. Celui-ci se réfère d'autant moins au Front populaire qu'il est extrêmement critique vis-à-vis du Parti communiste. Depuis 1965 et la première élection du président de la République au suffrage universel, un processus de rapprochement a été amorcé entre les partis de gauche et le Parti communiste. Ce processus a volé en éclat en Mai 68. La CFDT et le PSU sympathisent avec le mouvement de révolte étudiante et se retrouvent dans une position critique à l'endroit du Parti communiste.

En revanche, dans les grèves c'est différent. Là encore, il faut distinguer la dimension politique de la dimension sociale. La puissance du mouvement de grève dépasse de loin, quantitativement, les grèves de 1936, avec 9 millions de grévistes. Il est certain qu'avec les occupations d'usines, de bureaux, de magasins, ce qui s'était passé en juin 1936 a été reproduit à plus grande échelle et qu'on a évoqué le Front populaire des grèves et des manifestations d'ouvriers et de salariés.

Mitterrand, l'héritier de Blum ?

On peut se demander si 1981, avec la fête à la Bastille, le 10 mai, puis les premières mesures sociales – la cinquième semaine de congés payés, la retraite à 60 ans, la hausse du SMIC, et ce sentiment de victoire politique mais aussi sociale – ne rejoue pas en partie 1936. J'ai été témoin de cet enthousiasme à la Bastille, le soir même de l'élection du 10 mai, et il est vrai qu'il y avait dans l'air quelque chose qui pouvait ressembler au Front populaire. Mais vous voyez les différences : il n'y a pas eu de mouvement de grève, le gouvernement a eu les mains libres pour réaliser son programme, ou du moins le début de son programme, les nationalisations, etc. Et Léon Blum n'avait pas un programme socialiste, à la différence de François Mitterrand et des siens.

Le paysage social avait bien changé. En 1936, nous sommes dans une société de classes, où les ouvriers sont repérables à l'œil, ils ne sont pas habillés de la même façon que les bourgeois. En 1981, cette société de classes a pratiquement disparu. Bien sûr, il y a toujours des riches, des pauvres, une hiérarchie sociale, mais il n'y a plus ces deux classes entièrement étrangères l'une à l'autre qu'on appelle la « bourgeoisie » et le « prolétariat ».

Valéry Giscard d'Estaing, dans *Démocratie française,* en 1976, expliquait que la classe moyenne occupait désormais la place centrale dans la société, et que ce groupe central de plus en plus important se caractérisait par «un comportement, un mode de vie, une éducation, une information, une culture et des aspirations qui tendent à devenir homogènes». Il y avait à chaque extrémité, d'un côté, les plus démunis, qui restaient encore des vrais prolétaires, et de l'autre, les nantis, et entre les deux, cette immense classe moyenne, qui est vraiment la nouveauté de cette société des années 1960-1970. En 1981, la crise et le chômage commencent à produire leurs effets, mais la classe moyenne domine. Et pour un cinéaste, un photographe, ou un simple observateur, qui se promène ce soir du 10 mai dans les rues des grandes villes où il y a des manifestations d'enthousiasme, le paysage a bien changé par rapport à 1936.

D'autre part, l'union de la gauche en 1981 est une union boiteuse. Il y a bien eu en 1972 une reconduction d'un «Front populaire» sous l'étiquette «union de la gauche». Les trois composantes historiques de la gauche se retrouvent, mais elles ne sont plus dans le même rapport de forces. La première alliance s'est nouée entre les socialistes et les communistes, comme à l'époque de la formation du Front populaire. Mais le parti radical n'est plus qu'une force très marginale, et même divisée, puisqu'une partie des radicaux a refusé ce programme commun et est passée à droite. Cette union de la gauche a un programme très précis, et offensif, qui va assez loin dans l'étatisme, le collectivisme, le socialisme, la «rupture avec le capitalisme». Celui de 1936 était avant tout un programme défensif, et donc assez limité.

Mais cette union, dont le pivot est l'alliance socialistes-communistes, éclate en 1977, parce que les communistes, qui avaient été les grands bénéficiaires de l'union en 1936 s'aperçoivent au cours des années 1970 que, cette fois, elle va profiter aux socialistes. Lorsqu'en 1981, François Mitterrand remporte l'élection présidentielle, on s'en souvient, les communistes n'acceptent finalement de faire partie du gouvernement de Pierre Mauroy que parce qu'ils sont au pied du mur, qu'ils peuvent difficilement refuser.

François Mitterrand, qui à son tour dirige un gouvernement d'union de la gauche, a souvent fait référence à Léon Blum. Mitterrand et Blum sont pourtant des personnalités fort différentes. Ils ont en commun d'avoir été les chefs à la fois d'une union de la gauche et les chefs d'un gouvernement. On compte sur les doigts de la main les grands chefs socialistes qui ont gouverné. Avant Léon Blum, qui ? Personne. Jaurès n'a jamais été au gouvernement. Léon Blum est donc un pionnier, le fondateur d'une tradition de socialisme de gouvernement en France. Mitterrand lui rend fréquemment hommage, dans ses articles, dans ses livres, etc. Il y a même chez lui une sorte de mimétisme. Lorsqu'il commence à porter ses grands chapeaux à larges bords, comme Léon Blum, ce n'est pas innocent.

Tous deux étaient des hommes de culture et de pensée. Blum était juriste, mais il a été un écrivain, un journaliste, un critique littéraire. Mitterrand, lui aussi, a toujours aimé la littérature – et pas seulement Jacques Chardonne. Au fond, ce sont tous les deux des hommes de lettres, des hommes de plume.

Mais les différences sont considérables. Léon Blum était marxiste ; socialiste de longue date, il a été un disciple de Jaurès. Entre les deux guerres, après la fondation du Parti communiste, il a dû affronter une question doctrinale épineuse : un Parti socialiste pouvait-il diriger un gouvernement en régime capitaliste ? Cela n'allait pas de soi à l'époque. La SFIO était un parti révolutionnaire.

François Mitterrand ne s'est jamais posé ce genre de questions. Son parcours est totalement différent. Sa culture n'était pas marxiste et il ne s'est rallié au socialisme que pour devenir le leader de la gauche. Ensuite, il a conquis le PS sur des positions théoriques très à gauche – la théorie de la « rupture avec le capitalisme » –, et il est resté sur ces positions. Même lorsque, en 1982-1983, il faut arrêter l'expérience, en revenir pleinement à l'économie de marché, on le voit faire toutes les concessions, sauf les concessions doctrinales. Il continue de proclamer qu'il n'a pas changé d'avis, que la perspective reste la rupture avec le capitalisme, et que la pause est rendue nécessaire par la conjoncture internationale.

Ils ont tous deux une perspective d'avenir, mais je la sens plus précise chez Léon Blum ; on a l'impression que chez Mitterrand, c'est la conquête du pouvoir et la durée au pouvoir qui sont le plus important. Il y avait chez Blum une sincérité dans l'espérance socialiste que je ne crois pas discerner, ou qui était beaucoup plus vague, chez François Mitterrand. Celui-ci était avant tout un grand stratège, un grand rassembleur, et un homme de pouvoir – n'oubliez pas que c'est la constitution de la Vᵉ République, qu'il avait tant décriée, qui lui permet de rester si longtemps au pouvoir.

Donc, deux hommes très différents par les tempéraments, les carrières, les cultures. D'un côté, une culture socialiste, et de l'autre, une culture de gauche opportuniste. Mais le premier est pour le second une référence incontournable. Léon Blum était l'une des icônes du Parti socialiste, du fait de 1936, et pour d'autres raisons aussi. Pour les plus anciens, du fait du congrès de Tours, en 1920 : Blum a voulu défendre « la vieille maison » contre les communistes, il a très vite perçu les dangers du léninisme, qu'il expose explicitement. Il a été aussi le grand homme du procès de Riom, procès que lui a intenté Vichy en 1942, suspendu sur l'ordre des Allemands tant il tournait à l'avantage des accusés, et qui fut le point de départ du renouveau du Parti socialiste dans la clandestinité. Léon Blum reste, dans une large mesure une référence clé au PS. Jules Moch, qui l'a bien connu, a expliqué son rayonnement, dans ses *Rencontres avec Léon Blum*, par de nombreuses qualités : son extraordinaire puissance de synthèse, son énergie, sa bonté, sa fermeté, sa lucidité, son dévouement « illimité » au socialisme, son honnêteté intellectuelle, son talent d'écriture, et aussi son courage, autant physique que moral. En tout cas, tout le contraire de l'homme frêle, fragile, qu'annonçait son physique de grand maigre et dont ses adversaires ont répandu la caricature.

Que reste-t-il du Front populaire?

Aujourd'hui, la place de 1936 dans les mémoires a évolué. Le Front populaire, je l'ai dit, ce sont deux choses différentes et complémentaires: l'union politique de la gauche d'une part et les grèves de juin 1936, aboutissant à la législation sociale, d'autre part. Aujourd'hui, si le Front populaire n'est plus la référence qu'il a été jusqu'aux années 1950, c'est que sur ces deux registres, celui de l'union politique et celui des luttes sociales, nous sommes dans un temps assez largement différent.

Premièrement, sur le plan politique proprement dit, l'enjeu de la gauche aujourd'hui, ce n'est plus l'alliance du Parti communiste et du Parti socialiste. Bien sûr, la gauche est toujours aussi diverse. Mais le Parti communiste n'est plus au centre des préoccupations politiques. Avec 4 à 5 % des suffrages, il est devenu une force marginale. En 1968, il pouvait encore récolter plus de 20 % des voix et représentait une puissance sans égale à gauche. Aujourd'hui, on peut à la rigueur se passer de lui et imaginer une union des gauches sans le Parti communiste.

Deuxièmement, sur le plan social: bien sûr, les grèves existent toujours – il y en a même de plus en plus –, mais nous n'avons plus affaire, en majorité, à des grèves de cols bleus, d'ouvriers. Il y avait un ouvriérisme du Front populaire. Notre société n'est plus du tout ouvriériste. Il y a toujours des ouvriers aujourd'hui, mais leur proportion dans la population active n'est plus la même et va diminuant: 35 %

en 1936 (mais elle était de près de 40 % avant la crise, en 1926) contre 26 % aujourd'hui. Beaucoup d'entre eux, du reste, sont des immigrés, inorganisés, pas syndiqués. Quant au chômage, il touche au moins autant le tertiaire, les classes moyennes, les services, que l'industrie. Nous ne sommes pas dans la même société. Ce n'est pas non plus la société giscardienne, celle des années 1970, où les classes moyennes semblaient triompher à tout jamais. Cette société est aussi beaucoup plus riche, globalement, que celle de 1936, mais c'est une société « duale », comme certains l'ont dit, où une partie des citoyens est à son aise, tandis que l'autre est exclue ou craint de l'être.

Enfin, il y a un mot que l'on n'a pas prononcé, c'est l'« antifascisme », qui était le trait d'union du Front populaire. Aujourd'hui, même s'il existe un parti d'extrême droite, le Front national, il ne fait pas peur au point de réunir la gauche au-delà du temps d'une manifestation. C'est la droite qui a finalement pu profiter de celle du 1er mai 2002. On ne peut pas dire que ce soit la motivation fondamentale d'une union de la gauche, même si l'extrême droite reste, bien évidement, l'ennemie de la gauche.

Les mots témoignent d'ailleurs du changement d'époque. Front populaire, voilà deux mots aujourd'hui un peu désuets... Il y avait dans « front » quelque chose de guerrier, qui porte la trace d'un clivage gauche droite plus clair qu'aujourd'hui. Quant à « populaire » ou « peuple », ce sont des mots qu'on ne prononce plus guère...

Au départ, cette union des forces de gauche s'appelait le Rassemblement populaire. Il semble que ce soient les communistes, Maurice Thorez en particulier, qui aient imposé la formule « Front populaire ». Les communistes avaient déjà utilisé le mot « front » dans l'Allemagne de Weimar. L'Internationale avait lancé dans les années 1920 le mot d'ordre du « front unique » des communistes et des socialistes. Ce front unique devient en 1935-1936 « Front populaire », l'expression désignant cette fois une alliance beaucoup plus vaste, intégrant les classes moyennes et les radicaux qui sont censés les représenter. Le terme n'est pas apparu immédiatement en France. La grande manifestation d'union du 14 juillet 1935 se fait encore sous l'emblème du Rassemblement populaire. Mais quelques mois plus tard, l'expression plus courte, plus percutante, s'impose. Maurice Thorez plus tard voudra même élargir ce Front en parlant d'un « Front français », qui regrouperait toutes les forces politiques – catholiques, Croix-de-Feu – hormis les alliés du grand capital, pour faire barrage au danger nazi. Les socialistes ont refusé cet élargissement incohérent. « Front populaire » deviendra la formule définitive de cette union des gauches.

Ce vaste rassemblement, c'était donc le peuple, la nation. On pourrait préciser : le peuple moins les « deux cents familles », pour reprendre la formule inventée par Daladier, et reprise par le Parti communiste, pour désigner le grand capital, symbolisé par les 200 actionnaires de la Banque de France. C'est une vision du peuple englobante. L'adjectif « populaire » renvoie à deux définitions du peuple, en latin *plebs* et *populus*. Le Front est « populaire » parce qu'il oppose les plébéiens, les prolétaires, à la grande bourgeoisie aux commandes, mais aussi parce qu'il comprend, à côté des prolétaires, la petite bourgeoisie, les classes moyennes.

Le mot « front », quant à lui, était un mot très bien trouvé. C'est d'une part la ligne des positions occupées par les forces intérieures face à l'ennemi. Il y a là le souvenir de la Grande Guerre : la ligne de séparation entre nous et l'ennemi. « Front » veut dire aussi l'union étroite de forces diverses assemblées par un programme commun et plus encore par un ennemi commun, le fascisme. Les Espagnols, eux aussi à la même époque, qui votent avant les élections françaises, réalisent un *Frente popular*.

Le mot est encore employé dans les années 1950. En vue des élections de 1956, un « Front républicain » est formé par les formations de la gauche non communiste. Aujourd'hui, on ne parle plus tellement de front, si ce n'est à l'extrême droite. Quant au mot « populaire », il est un peu déprécié à gauche. « Populaire » est proche de « populiste » et on craint la démagogie, démagogie du Front national, en particulier. On n'emploie plus le mot « prolétaire » ou « prolétarien », devenu désuet. Le tertiaire ayant pris tellement d'importance, dominant toutes les autres catégories de la population active, il est difficile de parler de prolétariat ou même de classe ouvrière. Pour toutes ces raisons, c'est vrai qu'aujourd'hui, nous n'employons plus ces mots-là.

CHAPITRE 2
L'UNION

On a coutume de dire que la journée du 6 février 1934 est à l'origine du Front populaire. Le 6 février, une manifestation antiparlementaire, violente, autour du Palais Bourbon avait tourné à l'émeute, faisant plusieurs morts, et provoquant la chute du gouvernement d'Édouard Daladier. Beaucoup d'électeurs et de militants ont eu alors le puissant désir de voir toutes les forces de gauche s'unir contre ce que l'on désignait comme le fascisme, c'est-à-dire ces ligues qui avaient manifesté le 6 février. À vrai dire, c'était un peu plus compliqué : les anciens combattants communistes avaient, eux aussi, manifesté de leur côté... André Marty avait écrit dans *L'Humanité* du 6 février : « On ne peut pas lutter contre les bandes fascistes sans lutter en même temps : contre le gouvernement accusé de les avoir laissées se développer, voire de les avoir aidées ; contre la social-démocratie. On ne peut pas lutter contre la fascisation du régime, sans en même temps dénoncer l'attitude du Parti socialiste décidé à soutenir de toutes ses forces le gouvernement qui la développe. »

À la suite du 6 février, les socialistes ont manifesté leur volonté de se rapprocher des communistes pour faire front contre le « fascisme ». Les fédérations de la Seine et de Seine-et-Oise de la SFIO proposent au Parti communiste une manifestation commune. Le soir même du 6 février, une délégation composée de Zyromski, Marceau Pivert et Farinet se rend au siège du Parti communiste, mais les communistes refusent de les recevoir.

Le 9, le Parti communiste et la CGTU organisent, séparément, une réplique à la journée du 6 février. La manifestation, qui doit conduire place de la République, est interdite par le gouvernement Doumergue qui vient de remplacer celui de Daladier ; des affrontements sanglants se produisent avec la police ; on comptera neuf morts.

Le 12, une journée de grève et une grande manifestation sont lancées par la CGT et le Parti socialiste, à laquelle finit par se joindre le Parti communiste, sans doute sur la recommandation de Moscou : c'est généralement cette date que l'on retient comme l'origine du rapprochement. Vu de loin, le Front populaire trouve donc ses débuts dans cette journée sanglante du 6 février et la réplique antifasciste qui s'ensuit. Mais cela ne se passe pas tout à fait comme cela. Car le 12 février, même si les défilés convergent – et la photo de cette convergence symbolise, généralement, l'union – il ne s'agit pas d'une manifestation unitaire. L'accord est loin d'être fait.

Le mythe du 6 février

Le 11 février, *L'Humanité* écrit : « La classe ouvrière condamnera et rejettera avec dégoût les chefs socialistes qui ont le cynisme et l'audace de prétendre entraîner les ouvriers à la lutte contre le fascisme. » Le 17 février ont lieu les obsèques des morts du 9. Alors que la direction du Parti socialiste invite les socialistes à suivre les obsèques, Vaillant-Couturier écrit dans *L'Humanité* : « Nous n'oublions pas que nos camarades ont été tués par des balles payées sur les crédits votés par les élus socialistes. Nous nous refusons à voir dans le geste de la CAP une réalisation du front unique » – la CAP, c'est-à-dire la Commission administrative permanente du PS.

Dans cette conjoncture, une initiative a remporté plus de succès, c'est la création, le 5 mars 1934, du Comité de vigilance des intellectuels antifascistes, dont les trois figures tutélaires sont Paul Rivet, professeur au Muséum et membre du Parti socialiste, le physicien Paul Langevin, proche du PCF, et le philosophe Alain, de tendance radical-socialiste. Le bureau, élu le 8 mai, comprend des communistes comme Marcel Prenant, des radicaux comme Albert Bayet, des socialistes, des syndicalistes, des militants de la Ligue des droits de l'homme. Le Comité lance un manifeste qui a pour résultat immédiat des centaines d'adhésions (3 500 en juillet). Ces initiatives diverses préparent l'opinion à l'union.

Le 5 mars, le comité central du Parti communiste publie encore un manifeste qui vise directement le Parti socialiste :

« Le parti SFIO porte, par toute sa politique, la responsabilité [...] du développement du fascisme en France. Il s'efforce d'entraîner le prolétariat vers une action pour la défense du capitalisme. Le Parti SFIO et la CGT ont trahi et continuent de trahir les intérêts de la classe ouvrière ; ils marchent sur les traces de la social-démocratie allemande. C'est là le résultat de la domination des gauches, et plus spécialement de la politique du Parti socialiste, principal soutien de la bourgeoisie. Il devient de plus en plus évident qu'il devient impossible de vaincre le fascisme sans gagner les ouvriers socialistes à la lutte de classe, sans les arracher à l'influence paralysante de leur Parti. » Et de préconiser pour finir « une lutte acharnée contre le Parti socialiste et la CGT, diviseurs de la classe ouvrière. »

Cette position incroyablement sectaire de la direction du Parti communiste n'empêche pas qu'il y ait des actions communes à la base, dans les communes, dans les départements. Beaucoup de militants communistes manifestent le désir de se rapprocher des socialistes.

Le 24 mai, au congrès national socialiste à Toulouse, aucune décision concrète en faveur d'une unité d'action n'est prise. Il est seulement prévu quelques actions avec le comité Amsterdam-Pleyel, composé surtout d'intellectuels. Le comité Amsterdam-Pleyel avait été créé en 1932-1933 par Willi Münzenberg, le grand agitateur du Komintern, le grand organisateur de sa propagande, pour rapprocher les intellectuels non-communistes des communistes et rassembler le plus de monde possible sur le thème de la paix et de l'antifascisme derrière le Parti communiste.

Au mois de juin seulement, on assiste à un rapprochement. Le 5 juin 1934, la nouvelle Commission administrative permanente socialiste, qui a été élue au congrès de Toulouse, est saisie d'une proposition d'action commune contre le fascisme de la part du Parti communiste. La SFIO demande une trêve et, le 11 juin, une entrevue a lieu entre deux délégations, d'un côté les socialistes Blum et Zyromski et de l'autre les communistes Frachon, Gitton et Thorez. La conclusion : mettre fin aux injures entre les deux partis.

Mais voici qu'à la même date *L'Humanité* et *Les Cahiers du Bolchevisme*, la revue théorique du parti, font encore des allégations injurieuses contre les socialistes. On y lit : « Bavarder, tromper la classe ouvrière et maintenir partiellement sous leur influence, c'est-à-dire sous l'influence de la bourgeoisie, dont ils sont et restent le principal appui social, tel est le but des chefs et des organisations social-réformistes. » Le Parti socialiste rompt dès lors les pourparlers, dont la continuation est jugée « impossible » le 19 juin. On pense alors que tout est perdu. Et pourtant, à la fin du mois de juin, le pas décisif sera accompli.

Ce revirement brutal du Parti communiste a fait naître une légende qui a circulé longtemps au sein du Parti communiste, selon laquelle l'initiative du Front populaire est due à Maurice Thorez, secrétaire général du PCF depuis 1930, en personne. En fait, Thorez a été un fidèle entre les fidèles de la ligne stalinienne, et si, avec toute l'influence, tous les talents qu'il avait, il a été effectivement l'ouvrier désigné du Front populaire, c'est seulement parce que Staline l'avait voulu.

L'arrivée de Hitler au pouvoir n'a pas changé dans l'immédiat la diplomatie soviétique : le danger, aux yeux de Staline, ne venait pas d'Allemagne mais des grandes démocraties capitalistes, l'Angleterre, la France, les États-Unis. La ligne « classe contre classe », qui privilégie la lutte contre les socialistes, décidée en 1928 par le VIe congrès de l'Internationale communiste, et qui avait coûté si cher aux Allemands, continue un certain temps. L'idée est que Hitler, provisoirement victorieux, va débarrasser l'Allemagne de la social-démocratie, principal obstacle à la révolution aux yeux des communistes. Mais au long de l'année 1933, Staline prend conscience du nouveau danger hitlérien, et décide au début de l'année 1934 un changement de ligne.

En septembre 1933, Herriot a été reçu chaleureusement à Moscou. C'était l'indice d'un changement diplomatique de la part de Staline, qui va abandonner sa politique pro-allemande, dans la perspective d'un rapprochement avec les démocraties occidentales. Il faut éviter à la France de tomber dans le cas de l'Allemagne : un gouvernement fasciste français pourrait s'allier à Hitler contre l'URSS. Du même coup, les partis communistes vont être invités à abandonner la ligne « classe contre classe » et à se rapprocher des partis socialistes. L'heure n'est pas à la révolution, mais à l'entente : il faut se concilier les grandes puissances face au danger hitlérien.

Notez que la politique sectaire menée par le Parti communiste français, complètement aligné sur les décisions de Moscou, lui a coûté cher. Isolé aux élections de 1932, il ne compte que 10 députés, pour environ 28 000 militants. Ses sympathisants se trouvent surtout dans la CGTU, mais les effectifs de celle-ci sont eux-mêmes passés de 460 000 en 1926 à 250 000 en 1932. C'est donc un parti anémié, qui n'a rien à perdre, qui va accepter avec un certain enthousiasme le changement de ligne, laquelle va lui permettre d'intégrer la gauche française et d'y exercer une influence considérable. Reste que ce changement a été laborieux, car les communistes n'ont pas perçu immédiatement la volonté de Staline. La mésaventure de Doriot est révélatrice. Le député-maire de Saint-Denis, Jacques Doriot, avait préconisé l'unité d'action avec les socialistes et l'avait pratiquée dans sa commune. Il s'était trompé de date ; il était un peu trop en avance. Ce qui lui a valu finalement son exclusion (le 27 juin 1934). On a vu comment, au lendemain du 6 février, les communistes ont repoussé les appels du pied des socialistes, et *L'Humanité* a continué à les injurier. Le 19 février, on y lit sous la signature de Vaillant-Couturier : « Défendre la République, dit Blum ? Comme si le fascisme, ce n'était pas encore la République, comme si la République ce n'était pas déjà le fascisme. »

Donc, finissons-en avec ce mythe d'un Front populaire né de la journée du 6 février 1934. Cette journée a joué un rôle, à coup sûr, dans les mentalités des gens de gauche, qui ont cru y discerner une menace réelle de fascisme en France.

Mais si l'on admet que le Front populaire n'existe que par la participation communiste à l'union, tout dépendait de l'attitude du PCF devant les propositions d'accord des socialistes. Or les communistes, leur presse, leurs dirigeants, continuent jusqu'en juin à considérer les socialistes comme leurs ennemis. Ils défendent toujours le principe du « front unique à la base », c'est-à-dire l'appel aux militants et aux électeurs socialistes contre leurs dirigeants.

Virage au PC

Le 11 mai 1934, Thorez est reçu par Dimitrov, secrétaire général de l'Internationale désigné par Staline. Mais on en reste encore au front unique à la base, comme en témoigne un article de Thorez, « Pour une action commune immédiate ». C'est finalement à l'issue de la conférence nationale du PCF tenue à Ivry du 23 au 25 juin que le changement de ligne, en faveur de l'union avec les socialistes, va être affirmé.

Les premiers jours de la conférence, la ligne « classe contre classe » est reconduite. On parle bien d'une volonté d'unité chez les ouvriers, mais non d'un accord entre les directions des deux partis ouvriers. Thorez, cependant, fait entendre un air nouveau : la défense de la démocratie, toujours considérée jusque-là comme « bourgeoise » et même assimilée au « fascisme ». Mais cette concession ne semble pas suffisante à Moscou. Le 25 juin, un télégramme est envoyé de Moscou à la conférence d'Ivry, qui se trouve prolongée d'une journée. Le 26 juin, tout change : Thorez prononce le discours de l'antifascisme et prône, non plus les attaques contre le « social-fascisme », c'est-à-dire contre les socialistes, mais l'accord avec eux. Il appelle aussi à l'unité syndicale, et parle aussi de l'alliance avec les classes moyennes, pour les arracher « à la démagogie du fascisme ».

Donc un changement brutal, même si, dans les faits, il avait été préparé par la situation internationale et par Staline depuis plusieurs mois. Mais Staline n'avait pas encore assumé officiellement le virage ; c'est au cours des élections municipales de mai 1935, après la signature du pacte d'assistance mutuelle entre l'URSS et la France, que Staline entraîne les communistes français à rejeter leur thèse sur le « défaitisme révolutionnaire » et à rallier une politique de défense nationale. Virage brutal, que Jacques Duclos va exprimer le matin du 14 juillet 1935 au stade Buffalo dans un grand discours de réconciliation du drapeau rouge et du drapeau tricolore, de *L'Internationale* et de *La Marseillaise*. Le VIIe congrès du Komintern, qui s'ouvre à Moscou le 25 juillet 1935, entérine la tactique du Front populaire. Thorez est à l'honneur. Et on doit constater à quel point il assume son nouveau rôle de patriote français avec éloquence, comme un enfant prodigue retrouvant les bras de sa mère. Mais c'est aussi parce que, en réintégrant la communauté nationale, le PCF va passer d'un statut de secte (Thorez lui-même emploie le mot) au statut de grand parti prestigieux. Thorez incarne alors cette double réconciliation avec l'histoire de la France, avec le drapeau tricolore – « la France terre classique des révolutions et de la lutte des classes » mais aussi « berceau de l'humanisme et des libertés, foyer éternel de la culture » ; et réinsertion dans le système démocratique, après toutes ces années d'isolement. L'homme Thorez, qui se dit ancien mineur – affirmation contestée par ses biographes –, n'est pas un simple apparatchik : ce « fils du peuple » (c'est le titre de son autobiographie) est aussi un autodidacte, ami des artistes et des écrivains. Il n'est pas douteux qu'il vit le « retour du Parti communiste à la France » avec bonheur.

Le revirement du Parti communiste a laissé les socialistes, selon l'expression de Léon Blum, « ébaubis » et un peu inquiets. Le retournement était si brusque qu'il laissait planer un mystère. Quoi qu'il en soit, ils décident de reprendre les négociations et d'en discuter dans un conseil national, le 15 juillet. Mais, dès le 2 juillet, la fédération socialiste de la Seine et la fédération communiste de Paris organisent un meeting commun à la salle Bullier. Le même jour, le comité central du Parti communiste propose un pacte de lutte contre le fascisme.

Le conseil national du Parti socialiste se réunit le 15 juillet et la motion de Paul Faure, soutenue par Blum, Zyromski et Pivert, favorable à l'unité d'action, l'emporte à une très large majorité (3 472 voix) contre celle, très réservée, de Frossard (365 voix). *Le Populaire* du 16 juillet imprime sur toute la largeur de la première page le bulletin de naissance : « Le Parti socialiste accepte l'offre d'action commune du Parti communiste contre le fascisme et la guerre. »

Le Pacte d'unité d'action

Tout cela se conclut par un acte important : le Pacte d'unité d'action, signé le 27 juillet 1934 à la Maison de la Coopération, boulevard du Temple à Paris, et qui affirme « la volonté de battre le fascisme. Il est clair que ce but ne peut être atteint que par l'action commune des masses laborieuses pour les objectifs précis de lutte. L'intérêt de la classe ouvrière exige donc que le Parti socialiste et le Parti communiste organisent cette action commune contre le fascisme. » Ce pacte est donc un pacte de défense contre le fascisme. Le terme fait évidemment un écho au 6 février 1934, mais il vise aussi le fascisme international, en particulier le nazisme. D'après ce vocabulaire, il s'agit, au fond, d'un « front unique », comme disaient les communistes dans les années 1920, c'est-à-dire d'une alliance entre communistes et socialistes qui représentent l'un et l'autre « l'intérêt de la classe ouvrière ». Les partis s'engagent à « organiser en commun et à participer avec tous les moyens : organisation, presse, militants, élus, etc. à une campagne dans tout le pays ayant pour but de mobiliser toute la population laborieuse contre les organisations fascistes pour leur désarmement et leur dissolution, pour la défense des libertés démocratiques, pour la représentation proportionnelle et la dissolution de la Chambre, contre les préparatifs de guerre, contre les décrets-lois, contre la terreur fasciste en Allemagne et en Autriche, pour la libération de Thälmann et de Karl Seitz et de tous les antifascistes emprisonnés. »

Le programme est politique. Il est fait allusion aux décrets-lois de Laval qui avaient instauré une politique de déflation, avec la diminution de salaire des fonctionnaires, par un train de mesures extrêmement impopulaires, en particulier dans la gauche française. Mais le principal est la lutte contre le fascisme, à l'intérieur et à l'extérieur. Notons déjà une contradiction dans cette démarche : le texte se prononce « contre les préparatifs de guerre ». Pourtant, si on voulait lutter contre Hitler, il fallait être prêt à une guerre éventuelle, montrer sa force... On voit là, dès l'origine, le nœud de la contradiction de ce combat antifasciste.

La suite du pacte, il faut la connaître : « Cette campagne sera menée au moyen de meetings communs dans le plus grand nombre possible de localités et d'entreprises, au moyen de manifestations et de contre-manifestations de masse dans la rue, en assurant l'autodéfense des réunions ouvrières, des manifestations, des organisations et de leurs militants [...]. La campagne contre les décrets-lois sera menée par les mêmes moyens, meetings et manifestations, mais aussi en mettant en œuvre les méthodes d'agitation et d'organisation propres à aboutir à la réalisation d'une large action de lutte contre les décrets-lois. Si, au cours de cette action commune, des membres de l'un ou de l'autre parti se trouvent aux prises avec des adversaires fascistes, les adhérents de l'autre parti leur prêteront aide et assistance. »

Le pacte prévoit ensuite que : « Au cours de cette action commune, les deux partis s'abstiendront réciproquement d'attaques et critiques contre les organismes et militants participant loyalement à l'action. Toutefois, chaque parti, en dehors de l'action commune, gardera son entière indépendance pour développer sa propagande, sans injure, ni outrage à l'égard de l'autre parti et pour assurer son propre recrutement. Quant aux manifestations d'action commune, elles doivent être exclusivement consacrées à l'objet commun et ne pas se transformer en débats contradictoires touchant à la doctrine et à la tactique des deux partis. »

Ce n'est pas encore un programme de gouvernement, c'est un programme d'action, pour alerter et éclairer l'opinion contre un véritable danger qui existe en France, comme il s'est installé dans d'autres pays, et mobiliser la gauche.

La première démarche unitaire aura lieu le 29 juillet 1934, lors d'une grande manifestation au Panthéon, pour le vingtième anniversaire de la mort de Jaurès. L'effet politique de l'unité d'action est immédiat : au mois d'octobre, aux élections cantonales, les Partis socialiste et communiste se désistent réciproquement au second tour, ce que le Parti communiste avait toujours refusé. La guerre qui n'avait pas cessé entre les communistes et les socialistes depuis la fin des années 1920 est – provisoirement – terminée.

Qu'on se sente tenu d'inscrire dans ce document qu'il faut s'abstenir de critiques et d'injures donne une idée du climat de haine qui pouvait régner entre les partis communiste et socialiste. Mais les militants communistes étaient des militants disciplinés qui faisaient confiance à leurs instances dirigeantes et acceptaient de marcher comme un seul homme pour arriver un jour à la révolution. Toute une littérature en témoigne. Je pense par exemple au roman de Manès Sperber, *Et le buisson devint cendre,* qui relate l'épisode des luttes en Allemagne. Il montre bien qu'une partie des militants communistes renâclent, et pensent que c'est une erreur tactique de s'opposer au socialisme alors que le danger hitlérien menace. Mais, quoi qu'ils pensent en leur for intérieur, ils obéissent, parce qu'être communiste, à cette époque, c'est être comme le soldat d'une armée révolutionnaire prêt à obéir sans état d'âme. La discipline était moindre chez les socialistes. Ils avaient dû subir pendant des années les outrages. Cependant, la nostalgie d'un parti unifié, d'un avant-Tours, était répandue chez eux : il n'était pas normal que la classe ouvrière fût divisée.

Le revirement a pu étonner – il y en aura d'autres dans l'histoire du Parti communiste. Mais les militants dans leur ensemble étaient favorables à une unité d'action contre les fascistes. Cela a passé sans aucune difficulté et a même provoqué l'enthousiasme.

L'adhésion des radicaux

Les radicaux (ceux qu'on appelle alors les « valoisiens » parce que le siège de leur parti est situé rue de Valois à Paris) n'entreront pas dans cette union avant 1935. Deux raisons expliquent leur ralliement au Front populaire. La première a été la montée en force au sein du parti des Jeunes Radicaux, ceux qu'on appelle les Jeunes Turcs, dont les noms les plus connus sont ceux de Jean Zay et de Pierre Mendès France, et qui ont été favorables à l'union des gauches dans un rassemblement antifasciste : en s'appuyant sur Édouard Daladier, ils ont fini par l'emporter sur la majorité qui, derrière le président Édouard Herriot, pratiquait les coalitions d'union nationale, c'est-à-dire d'alliance avec la droite.

L'autre raison est d'ordre électoral. Il est apparu, après le pacte d'unité d'action entre socialistes et communistes, que les radicaux risquaient l'isolement. Les élections partielles, les élections cantonales, les élections municipales, de 1934-1935, qui sont des succès pour l'union socialo-communiste poussent les radicaux à la rejoindre.

Il faut comprendre la particularité du radicalisme français. Ce sont des gens de gauche, profondément républicains, laïques, soucieux de la Défense nationale, adversaires des « gros », des puissants, des « trusts », selon le mot de l'époque, et dont la clientèle s'est peu à peu recrutée de plus en plus dans les classes moyennes : cultivateurs, artisans, commerçants, petits patrons, fonctionnaires. Ils sont parfaitement anticommunistes, antimarxistes, et entrer dans une union animée par des communistes ne va, en effet, pas de soi pour eux.

C'est en raison des efforts tout à fait imprévus des communistes à faire toutes les concessions possibles que l'attitude des radicaux va changer : ils découvrent que le PCF défend un programme qui est à peu près le leur ; que le Parti communiste s'oppose même aux propositions trop avancées, trop « socialistes » de la SFIO. C'est que le PCF, pour réaliser cette union de la classe ouvrière et des classes moyennes, est prêt à donner tous les gages aux radicaux pour les séduire.

Les choses cependant ne vont pas de soi, car le Parti radical, au moment de la formation du Rassemblement populaire, participe au pouvoir. Depuis les élections de 1932, il n'y a pas de majorité possible sans les radicaux. Le parti a donc des ministres dans tous les gouvernements de concentration (union du centre gauche et du centre droit) ou d'union nationale (union avec la droite), à commencer par le président du parti, Édouard Herriot. Dans les lendemains du 6 février 1934 se forme un gouvernement Doumergue d'union nationale, auquel participent encore les radicaux, et qui subit les critiques de tous les partisans du rassemblement antifasciste. On assiste alors à un conflit entre socialistes et radicaux, et à des attaques contre Édouard Herriot.

Au sein du Parti radical, la bataille pour ou contre l'adhésion au Rassemblement se déroule tout au long d'une année, entre le pacte d'unité d'action socialistes-communistes du

27 juillet 1934 et la grande manifestation du 14 juillet 1935. On observe une poussée de la base, des militants, en faveur de l'union, mais elle se heurte à la majorité des dirigeants et des parlementaires. Des congrès successifs, à Clermont-Ferrand, à Nantes, sont les théâtres de l'affrontement, mais se terminent sans conclusion. L'idée s'affirme un moment de constituer un tiers parti, « intermédiaire entre celui de la réaction et celui de la révolution », autrement dit un parti centriste. Mais celui-ci devrait exclure ses alliés aussi bien de gauche que de droite, et c'est se condamner à l'impasse.

Les élections cantonales de 1934 démontrent le danger de l'isolement : les radicaux perdent 17 sièges, tandis que la « discipline prolétarienne » profite aux socialistes et communistes. Les municipales du mois de mai 1935 sont marquées par une forte poussée de la gauche. C'est ainsi que les communistes conquièrent quelques-uns de leurs bastions de la future ceinture rouge autour de la capitale. Les radicaux, eux, ne participent pas à ces succès, ils stagnent, même s'ils détiennent toujours la majorité des conseils municipaux. Il est clair, cependant, que là où les radicaux se sont alliés aux modérés, c'est un échec ; et au contraire, là où les radicaux ont passé des accords avec les socialistes et les communistes, ils ont obtenu de bons résultats et, surtout, on a assisté à une mobilisation souvent fervente des militants.

Le Parti communiste va continuer à jouer à fond la carte de l'union. C'est ainsi qu'il propose aux socialistes et aux radicaux de reconstituer à la Chambre la Délégation des gauches, comme elle fonctionnait du temps du Bloc des gauches au début du siècle. Les députés radicaux acceptent. C'est dans ce cadre que vont être élaborées les grandes lignes d'un programme commun, au début de juin 1935. Situation étrange, car, pendant ce temps-là, Édouard Herriot est toujours ministre, cette fois dans le gouvernement Laval ! Mais le Parti communiste n'en a cure, et continue ses exercices de séduction.

Outre la leçon à tirer des élections municipales, un événement majeur a accéléré le processus d'adhésion : c'est le ralliement des communistes à une politique de Défense nationale. La déclaration de Staline approuvant celle-ci et le pacte franco-soviétique de février 1935, préparé par le ministère Laval et son ministre des Affaires étrangères Barthou, sont décisifs : le PCF, qui fut antimilitariste et antipatriote, se rallie aux valeurs et aux symboles du patriotisme, ainsi qu'aux exigences de la Défense nationale. Un obstacle de taille est levé aux yeux des radicaux, qui donnent leur accord pour participer au défilé du 14 Juillet 1935 côte à côte avec les socialistes et les communistes. Herriot, toujours ministre d'État, est assez rétif mais ne peut l'empêcher : le courant unitaire l'emporte sur les résistances. Le Parti radical est alors complètement schizophrène : il participe à un gouvernement d'union nationale et simultanément adhère à une union des gauches !

La manifestation du 14 juillet 1935 accélère le mouvement. Des cris dans la foule réclament «Daladier au pouvoir ! » Daladier est le rival d'Herriot, il est partisan du Front populaire. Le 18 juin précédent, il s'est rendu à la Mutualité à l'invitation du Comité de vigilance des intellectuels antifascistes, et y a pris la parole avec Thorez et Blum, affirmant : « Si ma présence personnelle a un sens, c'est l'accord fraternel dans la bataille républicaine entre les classes moyennes et le prolétariat. » Le 14 juillet, au stade Buffalo, quatre orateurs valoisiens prennent la parole, faisant apparaître le Front populaire comme un rempart du régime républicain face aux ligues.

C'est lors de son congrès de Wagram, du 24 au 27 octobre 1935, que le Parti radical ratifie son adhésion au Front populaire. César Campinchi résume l'évolution des esprits : « La question pouvait se poser il y a quelques mois. Partisans de la propriété individuelle et de la défense nationale, votant le budget, notre parti était soucieux, avant tout, de garder son autonomie en se différenciant du socialisme et du communisme. Mais voilà que ces deux partis avertis par la disparition du socialisme italien et de la social-démocratie allemande, pensent avant tout à sauver l'essentiel, c'est-à-dire la forme républicaine et les libertés publiques, et nous font de si larges concessions de programme que les communistes sont maintenant bien plus radicaux que nous ne serons jamais communistes. »

La logique de cet accord est la démission d'Édouard Herriot de la présidence du Parti radical, qui laisse son siège à Édouard Daladier. Mais, au total, le ralliement au Front populaire est l'aboutissement d'une véritable crise du Parti radical. Celui-ci a dominé la vie politique française depuis le début du siècle, mais son déclin est annoncé. Pris en étau entre les gauches et les droites, lui-même divisé en son sein entre gauche et droite, rêvant d'une solution centriste, il ne compose plus finalement que l'aile droite de l'union des gauches – une solution du reste combattue par une minorité qui n'a jamais accepté que contrainte et forcée ce tournant politique.

L'initiative du rapprochement avec le Parti radical est donc venue du Parti communiste. Cela peut paraître paradoxal, mais il répond là aux vœux de Staline. Dans cette perspective, les communistes, par la voix de Thorez, iront encore plus loin, puisqu'ils parleront même d'un « Front français ». Front français, cela voulait dire qu'au-delà des trois partis constitutifs du Rassemblement populaire, ils s'adressaient aux électeurs de droite pour leur proposer une grande politique nationale. Il y a eu ce qu'on a appelé la « main tendue aux catholiques » et la « main tendue aux Croix-de-Feu », une organisation d'anciens combattants, considérée par la gauche comme « fasciste », mais qui était surtout composée de représentants des classes moyennes. Le PCF a eu la volonté d'étendre au maximum l'alliance. Les socialistes s'y sont opposés : ils voulaient un gouvernement de gauche, capable de faire de grandes réformes et d'interdire les organisations fascistes en France.

Le Front populaire est né

Le 14 juillet 1935, la grande manifestation unitaire du Parti communiste, du Parti socialiste et des radicaux, est l'acte de la naissance du Front populaire. Elle est suivie par plusieurs dizaines de milliers de personnes. Elle avait commencé le matin au stade-vélodrome Buffalo à Montrouge, où se tinrent les « Assises de la paix et de la liberté ». Jean Perrin, prix Nobel de physique, un des phares du Comité de vigilance des intellectuels antifascistes, lut une grande déclaration, qui est bien caractéristique de l'époque :

« Ils vous ont pris Jeanne d'Arc, cette fille du peuple, abandonnée par le roi que l'élan populaire venait de rendre victorieux, et brûlée par les prêtres qui depuis l'ont canonisée. Ils ont essayé de vous prendre le drapeau de 89, ce noble drapeau tricolore des victoires républicaines, de Valmy, de Jemmapes, de Hohenlinden, de Verdun, ce drapeau qui tout à l'heure, à nouveau coiffé du bonnet phrygien de 92, va flotter au devant de nos troupes, symbole des libertés que vous avez conquises, à côté de ce drapeau rouge, devenu celui de l'Union soviétique, et qui symbolise l'espérance des malheureux.

« Ils ont enfin essayé de nous prendre cette héroïque *Marseillaise*, ce chant révolutionnaire et farouche qui fit trembler tous les trônes d'Europe, en ce temps, qu'il ne faut tout de même pas oublier, où notre grande République appela, la première, tous les peuples à la liberté, cette *Marseillaise* qui a été, pendant un siècle, le chant des peuples opprimés, et de la Russie elle-même, cette *Marseillaise* de Rude qui sculpta son envol sur cet Arc de Triomphe qui abrite votre frère inconnu, et où vous n'avez pas le droit de passer. »

Il y a eu évidemment d'autres discours. Jacques Duclos, j'y ai déjà fait allusion, a parlé pour le Parti communiste : « Nous qui luttons sous les plis du drapeau rouge, nous sommes heureux de voir à nos côtés des combattants de la liberté qui arborent le drapeau tricolore dont nos ancêtres firent l'emblème de la grande Révolution française et qu'on vit souvent voisiner sur les barricades avec notre drapeau rouge. Nous voyons dans le drapeau tricolore le symbole des luttes du passé et dans notre drapeau rouge le symbole des luttes et des victoires futures. Et si l'immense foule rassemblée aujourd'hui, chante, en cette mémorable journée, non seulement notre hymne d'espérance et de lutte, *L'Internationale*, mais aussi *La Marseillaise*, nous n'oublierons pas que *La Marseillaise* est un chant révolutionnaire dont nous reprenons volontiers l'appel vibrant : "liberté, liberté chérie, combats avec tes défenseurs." Oui, nous sommes les défenseurs de la liberté contre les fascistes et nous jurons de tout faire pour que l'union réalisée aujourd'hui continue demain. Ensemble nous défendrons le pain des travailleurs des villes et des champs, ensemble, nous démolirons les Bastilles modernes, ensemble, nous préparerons un avenir meilleur. Les grands ancêtres de la Convention se battaient eux aussi pour le pain, la paix, la liberté, ils avaient en face d'eux les Chouans et les émigrés de Koblenz, nous avons en face de nous l'un des descendants de ces émigrés traîtres à notre pays, Monsieur le comte de La Rocque, chef des Croix-de-Feu. Nos pères furent victorieux, nous le serons aussi. »

Vous voyez la symbolique de ce discours : le Front populaire, qu'on appelle à ce moment-là encore « Rassemblement populaire », c'est l'union du drapeau rouge et du drapeau tricolore, l'union de *L'Internationale* et de *La Marseillaise*. Républicains, socialistes, communistes, nous n'avons qu'un ennemi, le fascisme, incarné par Monsieur le comte de La Rocque désigné comme un « descendant d'émigré »... Il y a là toute une construction mythologique.

Quand on veut rassembler large à gauche, on fait référence à l'événement fondateur, la Révolution. Tous les partis de gauche se réclament de la Révolution. Les communistes ont tendance à exalter 1792-1793, qui inaugure la phase la plus radicale de la Révolution. Les radicaux sans doute se reconnaissent davantage dans 1789. Mais 1792, c'est l'année de la fondation de la République et c'est donc une date sur laquelle toute la gauche peut se rassembler.

Autre référence à la Révolution, un serment, on l'a dit, a été prêté ce 14 juillet 1935, qui rappelle ouvertement le serment collectif prêté à la fête de la Fédération du 14 juillet 1790. Tous les participants, qui étaient dans ce stade, ont prêté un serment d'union contre le fascisme : « Nous faisons le serment de rester unis pour défendre la démocratie, pour désarmer et dissoudre les ligues factieuses, pour mettre nos libertés hors de l'atteinte du fascisme. Nous jurons, en cette journée qui fait revivre la première victoire de la République *(sic)*, de défendre les libertés démocratiques conquises par le peuple de France, de donner du pain aux travailleurs, du travail à la jeunesse et, au monde, la grande paix humaine. »

Les deux volets du Front populaire sont énoncés : barrer la route au fascisme et développer une politique sociale.

À côté de cette union, il existe en 1935 une extrême gauche constituée de petits partis, de groupuscules, en particulier trotskistes et anarchistes. Mais aucun ne représente une force. Le véritable gauchisme, à l'époque, se situe à l'intérieur du Parti socialiste, autour de deux figures qui incarnent deux tendances : la tendance Zyromski, qui sera la plus proche du Parti communiste, et la tendance Marceau Pivert, à la fois libertaire, révolutionnaire et pacifiste. La majeure partie de l'extrême gauche est donc intégrée au jeu électoral. Jusqu'au moment où la politique de Léon Blum sera condamnée par une partie de la gauche socialiste et où on en arrivera à la scission de la tendance pivertiste.

L'union des forces syndicales et associatives

L'originalité du Rassemblement populaire, c'est aussi d'être autre chose qu'une coalition de partis. On y trouve des syndicats, des associations, ce que nous appelons aujourd'hui la société « civile »... C'est sa grande nouveauté et son originalité. Le Front populaire n'est pas un simple cartel, un simple accord électoral. Toute une série de syndicats et d'associations se regroupent au sein du Front populaire dans une perspective de lutte antifasciste, mais aussi de lutte contre les décrets-lois de Laval, car nous sommes en pleine crise économique. Les syndicats présentent des revendications sociales : la lutte contre le chômage, la lutte pour de meilleures conditions de travail. Tout cela converge dans le Front populaire.

À l'époque, le syndicalisme est divisé en trois branches principales. La première, c'est la CGT, Confédération générale du travail, issue de la CGT créée en 1895, un syndicat indépendant qui ne veut s'aligner sur aucun parti, même si les préférences, les sympathies de ses membres les portent du côté du Parti socialiste. Elle est dirigée par Léon Jouhaux, un syndicaliste pur et dur, qui a été formé au sein de la CGT d'avant 1914 et qui se bat sur une ligne d'indépendance, d'autonomie. Cet ancien syndicaliste révolutionnaire avait évolué vers le réformisme. En décembre 1918, il avait fait adopter par la CGT un « programme minimum » qui fut celui de la Confédération pendant plus de 30 ans. Il n'avait pu, en 1921-1922, empêcher la scission qui fut à l'origine de la CGTU. Il devint par la suite une figure du syndicalisme international, au BIT (Bureau international du travail), à la Société des nations. Influent auprès des gouvernements entre 1924 et 1936 (il contribua au vote de la loi sur les assurances sociales en 1928 et 1930), il fut, au moment de la grande crise, un partisan d'un « Plan économique et social ». Il accepta la fusion entre la CGT et la CGTU, moyennant des garanties suffisantes.

Cette grande centrale syndicale a donc évolué entre les deux guerres vers le réformisme. C'est un syndicat de revendications plutôt qu'un syndicat révolutionnaire. Et cette centrale regroupe la plus grande partie des travailleurs syndiqués, particulièrement dans les grandes entreprises métallurgiques, dans les mines, etc. La CGT compte, à la veille du Front populaire, environ 500 000 adhérents. C'est en son sein que se développe l'idée de la nationalisation d'un certain nombre de grands services de l'économie. On y rencontre un mouvement « planiste », influencé par le Belge Henri de Man, favorable aux réformes de structures, et désireux de se concilier les classes moyennes et les chômeurs. Robert Lacoste, de la fédération des fonctionnaires, Léon Jouhaux et René Belin sont partisans du plan. Au printemps de 1934, Jouhaux avait lancé un bureau d'études, avec des économistes, des universitaires, des ingénieurs, etc. Il s'agissait de mettre en place une économie dirigée sans attendre la révolution. Mais l'idée ne survivra pas à la fusion avec la CGTU.

La deuxième force syndicale en 1935 est en effet la CGTU, qui compte environ 265 000 adhérents. La fondation du Parti communiste avait eu pour conséquence une scission au sein de la CGT, d'où la minorité révolutionnaire était partie pour former la CGTU – U pour « unitaire » (évidemment, quand on se divise, on est toujours unitaire !). Cette CGTU est d'obédience communiste, quoique officiellement indépendante. Elle a été ralliée par de nombreux syndicalistes révolutionnaires, qui ont vu dans la révolution des soviets quelque chose qui s'apparentait à leur idéal de révolution par la base. Cette tendance a été complètement dupée, puisque les soviets, on le sait, sont devenus en Union soviétique les courroies de transmission de la direction du parti. Et c'est ce qui arrivera aussi à la CGTU, avec la bolchevisation du Parti communiste dans les années 1920. Mais, contrairement à ce qui se passera après 1947, les communistes restent minoritaires dans le mouvement syndical.

Et enfin, il y a une troisième branche : la CFTC, Confédération française des travailleurs chrétiens, qui s'est constituée en 1919. Il s'agit d'un petit syndicat, qui ne rejoindra pas le Rassemblement populaire, mais qui aura parfois son rôle à jouer dans les grèves, et notamment dans les grands magasins.

C'est la CGT qui, au lendemain du 6 février 1934, avait organisé la grève générale, puis la manifestation du 12, avec le soutien du Parti socialiste. « Les forces populaires, déclarait la CGT, n'assisteront pas muettes et immobiles aux tentatives de substituer la dictature à la démocratie. » Or la CGTU décide de participer à l'action du 12 février. Dans l'ensemble, à Paris comme en province, c'est une réussite. Les militants syndicalistes sont sensibles à la menace fasciste, qu'ils assimilent en général à la formation de droite la plus nombreuse et la mieux organisée, les Croix-de-feu. CGT et CGTU vont être prises dans la dynamique du mouvement unitaire.

Des pourparlers s'engagent entre les représentants des deux centrales en octobre 1934. C'est long, c'est difficile, le contentieux est lourd entre les deux formations. Les confédérés, en lisant certains articles communistes, se méfient d'une volonté de la part des unitaires de capter la direction de la centrale réunifiée. Mais le pacte franco-soviétique de juin 1935 a relancé le courant unitaire : la CGTU proclame que les syndicats doivent être « absolument indépendants du patronat, du gouvernement et des partis ». L'indépendance syndicale est, en effet, un thème cher aux confédérés et à leur chef Léon Jouhaux, secrétaire général de la CGT depuis 1909. Les conversations reprennent le 27 juin ; on aboutit à un accord le 24 juillet : « Le mouvement syndical, à tous ses échelons, s'administre et décide de son action dans l'indépendance absolue à l'égard du patronat, des gouvernements, des partis politiques, des sectes philosophiques ou autres groupements extérieurs. »

Finalement un congrès d'unité se tient à Toulouse du 2 au 5 mars 1936. Plusieurs points séparent les deux délégations : centralisation ou structure fédérale, incompatibilité entre responsabilité syndicale et mandat électoral, adhésion ou non à la Fédération syndicale internationale (FSI) rejetée par les ex-unitaires. Sur ces trois objets de discussion, les ex-confédérés l'emportent par une majorité des deux tiers. La réunification se fait ainsi selon la tradition de l'indépendance syndicale, réaffirmant la charte d'Amiens de 1906. La CGT ne sera donc pas un syndicat suiviste, une courroie de transmission, des partis du Front populaire.

Je ne dresserai pas la liste de toutes les organisations qui adhèrent au Front populaire, parce qu'il y en a 96. À côté des partis principaux, des syndicats, naturellement, CGT, CGTU, vous avez des associations d'anciens combattants, des petits partis comme La Jeune République, des associations comme le Secours rouge, les Amis de l'Union soviétique, mais aussi la Ligue des droits de l'homme, la Ligue des médecins contre la guerre, divers comités, des loges maçonniques, le Grand-Orient de France, des associations de jeunesses, d'étudiants, etc.

Tout cela forme un ensemble un peu hétéroclite. Naturellement, les instances dirigeantes du Front populaire ne sont pas les délégués de toute cette kyrielle de près de 100 adhérents au Front populaire, ce sont les représentants avant tout des trois grands partis.

Les intellectuels et le Front populaire

La principale de ces organisations non partisanes est évidemment le Comité de vigilance des intellectuels antifascistes, le CVIA, qui a été créé dans les jours qui ont suivi le 6 février. Plusieurs milliers d'intellectuels, d'enseignants notamment, y ont adhéré derrière les grands noms que j'ai cités : Rivet, Langevin et Alain. Ce Comité de vigilance a été un pilier du Front populaire. Il est structuré en sections, qui organisent des rencontres, des réunions, des meetings où se manifeste l'élan vers la constitution d'une grande union populaire pour lutter contre le fascisme. Toute son histoire sera celle des contradictions du Front populaire : en son sein coexistent deux grandes tendances, l'une communiste, l'autre non communiste. Et si, au début, tout le monde est d'accord pour lutter contre le fascisme, lorsqu'il s'agira de lutter contre le fascisme extérieur, c'est-à-dire l'Allemagne nazie, le pacifisme de la majorité va faire éclater l'union de ces intellectuels. Mais dans ce moment de genèse du Front populaire, il peut compter sur l'appui de grands noms, parmi lesquels il faut aussi citer André Gide et André Malraux.

Le prestige des intellectuels de droite comme de gauche est considérable dans ces années 1930 dans la mesure où la littérature est reine en France. Jusqu'aux années 1950, la littérature a régné sur les esprits. Les romanciers se sentent un devoir d'intervention, d'engagement à côté des philosophes – et peut-être plus encore que les philosophes.

C'est aussi une période de véritable lutte entre intellectuels. Un des grands moments de cet affrontement, qui se fait par l'intermédiaire des journaux, des livres, des réunions publiques, c'est en 1935, justement, au moment de la genèse du Front populaire, l'invasion de l'Éthiopie par l'Italie de Mussolini. Des intellectuels de droite (Charles Maurras, Henry Bordeaux, Henri Béraud, Pierre Drieu La Rochelle, Robert Brasillach, Pierre Gaxotte, etc.) justifient l'entreprise coloniale par un « Manifeste des intellectuels pour la paix en Europe et la défense de l'Occident ». À l'initiative de Jules Romains et de Louis Aragon, les intellectuels de gauche (André Gide, Romain Rolland, André Malraux, Louis Guilloux, Emmanuel Mounier, etc.) répliquent par un contre-manifeste.

Et cet affrontement intellectuel n'est pas, comme ce sera le cas après 1945, à l'avantage des intellectuels de gauche. Les intellectuels de droite, conservateurs et parfois carrément fascistes, sont très nombreux. L'Académie française, depuis l'affaire Dreyfus, est massivement conservatrice : 16 académiciens signent le manifeste de droite. La presse quotidienne est massivement de droite. Il y a aussi de grands journaux hebdomadaires comme *Candide*, *Gringoire*, *Je Suis Partout*, qui sont tout à fait opposés au Front populaire. Quelques écrivains comme Drieu La Rochelle, Robert Brasillach, mais surtout des écrivains beaucoup plus rassis, Henry de Régnier et toute une kyrielle d'académiciens, font poids contre cette menace d'union ouvrière puis de Front populaire.

Mais quelque chose de nouveau émerge aussi dans ces années 1930. Une nouvelle génération arrive, qui n'a pas fait la guerre de 1914, une génération qui s'affirme très tôt, parce que ce sont souvent des jeunes gens qui n'ont plus de père, qui sont orphelins – la voie a été libérée devant eux par tous les morts de la guerre 1914-1918. Dans les années 1930, en raison d'un contexte international extrêmement dramatique et de la crise économique, beaucoup d'entre eux vont s'engager dans le Parti communiste. C'est le cas de Paul Nizan, Henri Lefebvre, Georges Politzer. D'autres vont créer toutes ces revues qui baignent dans ce qu'on appelle « l'esprit des années 1930 », *Esprit* d'Emmanuel Mounier, *Ordre*

Nouveau d'Arnaud Dandieu et Robert Aron, ou encore les revues de droite *Jeune Droite*, *Réaction*, etc. Toutes ces revues, fort dissemblables, ont en commun d'être portées par des jeunes gens qui ont à la bouche un même mot d'ordre qui signifie mille choses contradictoires : « révolution ». Évidemment, il n'y a guère que les communistes qui veuillent une révolution de type léniniste, les autres défendent une révolution spirituelle, politique et spirituelle... On ne sait pas très bien comment elle se fera. Mais ce mot-là signifie qu'il y a dans l'esprit de cette jeunesse un refus, parfois un dégoût du monde dans lequel ils vivent, et du monde politique en particulier. Refus du monde bourgeois en général, de la médiocrité qu'ils croient devoir pourfendre, et que la crise, évidemment, ne va faire qu'accentuer. Cette agitation, cette mobilisation des intellectuels de toutes les générations est certainement un des traits des années 1930.

Or nombre d'entre eux gardent leurs distances vis-à-vis du Front populaire. Ce sont des gens qui ne veulent pas s'aligner sur la droite ou sur la gauche. J'ai eu l'occasion d'étudier la revue *Esprit*. La position de la revue va être de distance sympathique, ou de sympathie distanciée, même si la législation sociale leur paraît intéressante. Il y a évidemment, par rapport au communisme, un rejet, mais le Parti communiste est devenu tellement modéré au cours de cette période...

Ceux qui s'investissent dans le Front populaire, au sein du CVIA essentiellement, créent un journal hebdomadaire, *Vendredi*, publié comme son nom l'indique tous les vendredis et qui a été, pendant trois ans, de novembre 1935 à novembre 1938, l'expression intellectuelle du Front populaire. Là encore, on essaie d'équilibrer les différentes positions. Jean Guéhenno, qui est socialiste, joue un grand rôle, à côté d'Andrée Viollis, une journaliste proche du Parti communiste, et d'André Chamson, proche du Parti radical. Louis Martin-Chauffier, André Ulmann et André Wurmser en étaient les trois directeurs politiques. Les grands talents de gauche prêtent leur concours : Rolland, Giono, Benda, Malraux, Gide, etc. *Vendredi* fut le véritable organe et le symbole du Front populaire. Il ne survivra pas à ses divisions et ses contradictions, mais, pendant un certain temps, il représenta l'apport des intellectuels à l'union des gauches.

Un programme modéré

Les conversations pour l'élaboration d'un programme commun se poursuivent jusqu'en janvier 1936, date à laquelle il sera publié. Les revendications socialistes en matière de nationalisation et de dévaluation sont rejetées par la coalition communiste-radicale, les communistes étant toujours attentifs à se concilier les classes moyennes. Au final, le programme du Front populaire est un programme radical-socialiste, à une exception près : la réduction du temps de travail (non chiffré) sans réduction de salaire. En revanche, les radicaux ont obtenu des mesures en faveur des paysans et des artisans, en particulier le projet de création d'un

Office national interprofessionnel des céréales, qui doit mettre fin à la chute des prix agricoles.

Le programme distingue les revendications politiques et les revendications économiques. Les revendications politiques figurent en premier, telle est bien l'origine du Front populaire : un rassemblement de toutes les forces antifascistes. Première grande partie : la défense de la liberté, et la dissolution des formations paramilitaires, des ligues fascistes, qui s'étaient manifestées, justement, le 6 février 1934. Il y a, par ailleurs, la défense de la liberté de la presse et des libertés syndicales.

Au chapitre de l'école, il s'agit d'assurer la vie de l'école publique, non seulement par les crédits nécessaires mais par des réformes telles que la prolongation de la scolarité obligatoire jusqu'à 14 ans ; voilà une mesure intéressante et importante. Et la mise en pratique dans l'enseignement de second degré d'une sélection indispensable comme complément de la gratuité, cette gratuité qui avait été votée en 1930. Pour les territoires coloniaux, le programme prévoit la constitution d'une commission d'enquête parlementaire sur la situation politique, économique et morale dans les territoires français d'outre-mer – cela n'engageait pas à grand-chose, il est vrai...

Deuxième partie : défense de la paix. C'est un programme de désarmement, de collaboration internationale, de nationalisation des industries de guerre, qui répond à cette idée que les marchands de canon provoquent des guerres. C'est aussi la répudiation de la diplomatie secrète et la volonté d'étendre le système des pactes, suivant les principes du pacte franco-soviétique, au maximum.

Viennent ensuite les revendications économiques : la restauration de la capacité d'achat supprimée ou réduite par la crise, la lutte contre le chômage et contre la crise industrielle. Le programme prévoit l'institution d'un fonds national de chômage, la réduction de la semaine de travail sans réduction du salaire hebdomadaire – on ne précise pas encore le nombre d'heures –, l'établissement d'un régime de retraite suffisant pour les vieux travailleurs, l'exécution rapide d'un plan de grands travaux. Contre la crise agricole et commerciale, il s'agit de revaloriser les produits de la terre, de soutenir les coopératives agricoles, etc. Ensuite, contre le pillage de l'épargne, et pour une meilleure organisation du crédit, il s'agit de réglementer la profession de banquier, le bilan des banques, des sociétés anonymes, d'interdire aux fonctionnaires retraités ou en disponibilité d'appartenir au conseil d'administration des sociétés anonymes, pour soustraire le crédit et l'épargne à la domination de l'oligarchie économique – ce qui est visé ici, c'est le conseil dirigeant de la Banque de France qui sera supprimé par cette réforme. Voilà une mesure de structure importante, mais c'est l'une des seules.

C'est donc pour l'essentiel un programme modéré, et volontairement modéré. Il est certain que les socialistes auraient voulu plus, notamment un certain nombre de nationalisations, et pas seulement la nationalisation des industries de guerre, la seule prévue. Mais ni les communistes ni les radicaux n'étaient d'accord... Au demeurant, un programme de gouvernement signé par toutes les formations de gauche était un événement en soi : c'était la première fois depuis les débuts de la République.

CHAPITRE 3
LA LUMIÈRE DE JUIN

La victoire du Front populaire aux élections législatives du 26 avril et du 3 mai 1936 n'a rien d'un raz-de-marée. En France, jusqu'à nos jours, l'électorat se trouve assez bien partagé entre les partis de droite et les partis de gauche. Toute victoire se joue par conséquent à peu de voix. Au premier tour, le 26 avril 1936, les formations du Front populaire l'emportent avec 56 % des suffrages, mais tous les électeurs radicaux ne se rallieront pas forcément au candidat de la SFIO ou du PCF resté en lice. Le mode de scrutin joue un rôle considérable. Il s'agit du scrutin d'arrondissement, un scrutin uninominal à deux tours, où le deuxième tour est décisif. Rares sont les candidats qui l'emportent au premier et, pour le deuxième tour, tout se joue dans les désistements.

La droite était représentée par un candidat unique dans de nombreuses circonscriptions, alors que la gauche présentait souvent trois candidats, communiste, socialiste et radical. Ce qui complique les choses, c'est que le Parti radical est un parti quelque peu hétérogène, pas entièrement de gauche. Sa majorité a décidé d'entrer dans le Front populaire, mais une minorité regimbe. Et, dans de nombreux cas, comme il n'existe pas d'instance disciplinaire, comme dans les deux grands partis dits « ouvriers », liberté est laissée à ses candidats de faire alliance avec la droite.

Une timide conquête du pouvoir

La gauche, donc, à l'issue du premier tour, est victorieuse mais non triomphante : l'ensemble des tendances Front populaire a gagné moins de 300 000 voix par rapport aux partis de gauche en 1932. Notons quelques traits importants. Première observation : la participation exceptionnelle, avec un peu plus de 15 % d'abstention, ce qui est remarquable. C'est le record de participation sous la IIIe République. Cela vous en dit long sur la passion avec laquelle la campagne électorale a été vécue, et sur l'attente du public. Deuxième observation : la victoire des communistes ; non pas qu'ils arrivent en tête, ils sont toujours en troisième position dans la gauche, derrière les socialistes et les radicaux, mais ils passent de moins de 800 000 électeurs en 1932 à 1,5 million. Ils ont presque doublé le nombre de leurs suffrages ! La poussée à gauche s'est faite au sein de la gauche, au profit du Parti communiste. D'une manière générale, on assiste en 1936 à la montée aux extrêmes : montée vers l'extrême gauche, c'est-à-dire progression sensible du Parti communiste, et montée vers l'extrême droite, de la part des électeurs de droite.

Ce premier tour préfigure la victoire du Front populaire, parce que la majorité de l'électorat radical est prête à se désister en faveur du candidat de gauche. Les fluctuations de la Bourse de Paris indiquent une réelle inquiétude d'une partie de l'opinion. La victoire de la gauche est effectivement obtenue au deuxième tour. Elle est due largement au bon respect de ce qu'on appelait la « discipline républicaine ». Certes, il y a bien eu quelques défections (59 cas ont été comptabilisés, soit une proportion de 14 %), mais il n'y eut que huit cas d'indiscipline caractérisée : c'est une proportion très faible, ce qui montre bien la nette coupure des élections de 1936, bloc contre bloc. Cette victoire, cependant, est beaucoup plus importante en nombre de sièges qu'en voix. La gauche obtient près de 378 sièges contre 222, soit 63 % contre 37 %, alors qu'en suffrages les chiffres respectifs sont de 56,5 et 43,5 %. Les accords de désistement ont fonctionné presque impeccablement entre socialistes et communistes, mais comme prévu, moins bien du côté radical.

Les socialistes comptent 153 députés – ils en gagnent 22. La SFIO est le parti le mieux représenté, il a aussi le plus grand nombre d'électeurs ; au premier tour, il avait obtenu plus de 2 millions de voix, presque 20 % des suffrages exprimés. Il est le principal bénéficiaire des accords de désistement, même s'il n'a guère progressé. Au contraire, le Parti radical-socialiste, lui, est le grand perdant de l'union de la gauche. Il a obtenu pas loin de 2 millions de voix au premier tour, il est par conséquent en régression, perdant plus de 350 000 électeurs. Il est cependant un peu surreprésenté grâce aux désistements et il obtient 145 sièges – il en a perdu 49. C'est la première fois que les socialistes obtiennent plus de députés que les radicaux – mais en 1932, déjà, ils avaient recueilli plus de suffrages.

Le Parti communiste passe de 11 sièges à 72. Il est pourtant sous-représenté, parce que dans certains cas, les électeurs radicaux n'ont pas voté pour le candidat communiste mais pour celui de la droite (celle-ci a au total 228 sièges). Si le scrutin avait été à la représentation proportionnelle intégrale, le PC aurait eu 91 sièges. Quoi qu'il en soit, c'est une poussée extraordinaire. Le Parti communiste est donc le grand vainqueur de ces élections. En un an, depuis les élections municipales de 1935, ses effectifs n'ont cessé de croître : moins de 30 000 adhérents en 1933 et 131 000 en mai 1936 (les socialistes n'ont que 127 000 adhérents). C'est en quittant sa position d'isolement qu'il est devenu un des grands partis de la gauche, intégrant la vie politique parlementaire et les valeurs républicaines et nationales (adoption de *La Marseillaise*, etc.). Il le fait grâce à un discours très rassembleur et, ajoutons, très modéré. Le Parti communiste insiste beaucoup sur l'alliance entre les ouvriers et les classes moyennes. Parti de masse, il dispose désormais d'un enracinement exceptionnel dans la région parisienne – dans les communes de banlieue (la future « ceinture rouge »), mais aussi dans quatre arrondissements de l'Est parisien. Ce succès reflète une mutation sociale et démographique : le développement de la banlieue industrielle depuis la fin de la Grande Guerre.

Sa stratégie, on l'a dit, n'est absolument pas révolutionnaire. Sa position face au mouvement de grève qui se déclenche va le confirmer.

Il peut être intéressant de comparer ces résultats avec ceux des victoires électorales de la gauche en 1981 ou de la gauche plurielle en 1997. En 1981, la nouveauté, évidemment, c'est un nouveau leadership du Parti socialiste après son effacement dans les décennies qui ont suivi la Libération. Il obtient non seulement la victoire au second tour de la présidentielle du 10 mai, avec Mitterrand, mais aussi la majorité absolue à la Chambre aux élections législatives qui suivent. N'oublions pas que jusque-là, dans les grandes élections depuis 1945, le Parti communiste avait la prééminence à gauche. Il n'y a pas eu d'accord électoral à la différence de 1936 : le programme commun a été rompu en 1977 et la gauche est allée désunie à la bataille. Cette victoire s'explique en partie, je pense, par ce moteur, ce ressort extraordinaire qu'est l'élection présidentielle au suffrage universel, et qui n'existait pas sous la IIIe République. C'est parce que Mitterrand l'emporte à l'élection présidentielle que son parti se trouve entraîné dans une dynamique majoritaire.

En 1997, la gauche l'a emporté au premier tour avec plus de 42 % des suffrages contre 36 % pour la droite. Ce fut l'occasion pour le Parti socialiste de confirmer son hégémonie, avec 25,5 % des suffrages et pour le Parti communiste de constater son déclin (9,9 %). Mais la gauche se diversifie et le gouvernement de Lionel Jospin se fera au nom de la « gauche plurielle », comprenant, outre les deux grands partis socialiste et communiste, les Verts (3,6 %), les radicaux et autres divers gauches. À quoi il faut ajouter une ultra gauche, trotskiste, qui atteint un peu plus de 2 % et qui n'obtiendra aucun siège.

Notons que le scepticisme et le découragement deviennent, depuis 1988, sources d'abstention : pour la troisième fois la barre des 30 % est franchie (32 % en 1997). Nous ne sommes plus dans l'élan, voire l'euphorie, du Front populaire. Il y a tout de même une mesure comparable avec 1936 : la baisse du temps de travail. Le programme du Front populaire la promettait sans précision ; cette fois le PS annonce une loi-cadre sur les 35 heures. À l'issue du second tour, le PS imposait sa victoire massive, en obtenant 246 sièges, alors que le Parti communiste n'en obtenait que 37. Par rapport au Front populaire, le déséquilibre était total dans la gauche plurielle et, sans avoir la majorité absolue avec les députés PS, Lionel Jospin pouvait entamer son mandat avec sérénité.

Mais revenons en 1936. Il y a un gouvernement en place, celui du radical Albert Sarraut, dont le mandat s'achève un mois après l'élection. Les résultats sont connus le dimanche 3 mai au soir et, puisque le Parti socialiste est arrivé en tête, Léon Blum se déclare prêt à être investi. « Le Parti socialiste est devenu, dit-il, le groupe le plus puissant, non seulement de la majorité, mais de la Chambre entière ; nous tenons donc à déclarer sans perdre une heure que nous sommes prêts à

remplir le rôle qui nous appartient, c'est-à-dire à constituer
et à diriger le gouvernement de Front populaire. »

Il dispose d'un mois, du 3 mai au 4 juin, pour négocier
avec les autres membres du Front populaire la composition de
son gouvernement. Que vont faire les communistes ? Ils l'ont
annoncé, il n'y a pas de surprise : ils ne participeront pas. Le
Parti communiste a jugé utile d'argumenter et il rend publique
une déclaration : « Nous sommes convaincus, écrit le Bureau
politique du PC à la SFIO, le 14 mai, que les communistes ser-
viront mieux la cause du peuple en soutenant loyalement,
sans réserve et sans éclipse le gouvernement à direction socialiste plutôt qu'en offrant, par leur présence dans le cabinet,
le prétexte aux campagnes de panique et d'affolement des
ennemis du peuple. » Voyez comment les communistes se
justifient : « l'homme au couteau entre les dents » pourrait
effrayer les classes moyennes, ce qu'il faut éviter à tout
prix. Je ne crois pas que ce soit la vraie raison. Je pense
qu'ils avaient une réserve de fond, qui tient à la nature révolutionnaire du parti. Comment un parti révolutionnaire
pourrait-il participer à un gouvernement en régime capitaliste ? L'ouverture des archives de Moscou a révélé que le
refus de participation provenait de l'Internationale communiste, qui donnait pour tâche au PCF de « tenir les masses en
alerte contre toute tendance du gouvernement à une politique de conciliation avec la bourgeoisie réactionnaire ». La
présence des communistes au gouvernement eût permis
« à la réaction d'exercer plus facilement sur les radicaux une

pression en vue de les séparer du Front populaire ». Le PCF pouvait ainsi être crédité de toutes les bonnes mesures du Front populaire, mais non responsable des décisions gouvernementales qui ne manqueraient pas d'être impopulaires.

Tout au long du mois de mai, le Bureau politique fait une série de déclarations qui vont dans le sens de la modération, du respect de la propriété privée, de la sauvegarde de la monnaie, de la défense de l'étalon-or. Waldeck Rochet déclare : « Les électeurs ne se sont pas prononcés pour la révolution, nous ne sommes ni des putschistes, ni des partisans du tout ou rien. Nous prendrons nos responsabilités en collaborant à l'amélioration du sort des classes laborieuses dans le cadre de la société actuelle. »

Léon Blum avait également sollicité la CGT réunifiée, qui fait partie du Front populaire, pour que Jouhaux ou d'autres entrent au gouvernement. Mais il n'en est pas question : la CGT reste fidèle à ses principes, à son indépendance, et refuse tout portefeuille ministériel. Le gouvernement sera donc composé de socialistes en majorité, de radicaux, et de néo-socialistes, qui avaient fait scission en 1933, mais qui ont adhéré au Front populaire.

C'est la première fois que des socialistes de doctrine marxiste prennent le pouvoir en Europe. C'est donc un événement considérable, de ce point de vue. Il n'y en avait aucun autre en Europe. Je ne parle pas des sociaux-démocrates en Suède, ou en Norvège, mais des socialistes de doctrine marxiste. Ajoutons aussi que Léon Blum était juif. Et c'est aussi la première fois qu'un homme politique juif devenait chef d'un gouvernement en France.

Léon Blum et l'exercice du pouvoir

En 1936, il a 64 ans. Marié en secondes noces (il était veuf en 1931) à Thérèse Pereyra, il a eu un fils de son premier mariage, Robert. C'est une personnalité très originale, assez éloignée de l'idée qu'on se fait d'un chef de parti « prolétarien ». Après des études au lycée Charlemagne à Paris, où il a collectionné les prix d'excellence, il est entré, en 1890, à l'École normale supérieure de la rue d'Ulm, où il a un peu fréquenté le bibliothécaire socialiste Lucien Herr. Mais dès 1891 il démissionnait, ayant peu de goût pour la discipline qui y régnait à cette époque et ayant échoué à son examen de licence de lettres. Dès ce moment-là – il a 19 ans –, il s'est mis à collaborer à des journaux et revues, exerçant ses talents de critique littéraire et dramatique. Il deviendra un des piliers de la publication d'avant-garde *La Revue Blanche*. En même temps, ce littéraire a fait du droit, et a été reçu (second) au concours d'entrée du Conseil d'État. Il en démissionnera en 1919 pour exercer son mandat parlementaire. Il a passé pour un dilettante. Il vagabondait. C'est l'affaire Dreyfus qui l'entraîne à s'engager ; il met ses connaissances de juriste au service de maître Labori, l'avocat de Zola. Et c'est la rencontre alors avec Jaurès qui l'amène au socialisme. Membre de la SFIO à partir de sa fondation en 1905, il ne se montre pas un militant très actif. Il poursuit son œuvre littéraire. En 1907, il publie un livre scandaleux, *Du mariage*, dans lequel il préconise l'expérience sexuelle des jeunes filles avant le mariage. Tout cela fait de lui un personnage assez peu représentatif du Parti socialiste.

Son admiration pour Jaurès était totale. Il a participé à l'aventure de *L'Humanité* lancée en 1904. Entre cette espèce de taureau qu'était Jaurès, petit homme très musclé, très robuste, et cette espèce de tige qu'était Léon Blum, un peu dégingandé, maigre, très fin, très myope, avec ses longues mains, s'est nouée une solide amitié. Les deux orateurs étaient aux antipodes : Jaurès est un orateur volubile, extraordinaire, et Léon Blum a une voix un peu faible, une délicatesse d'expression, ce n'est pas un orateur populaire, il a tout le physique d'un « bourgeois ».

C'est sans doute la mort de Jaurès en 1914 qui a décidé Léon Blum à entrer complètement dans la politique, où il a défendu l'héritage intellectuel du leader assassiné. Réformé à cause de sa myopie, il est devenu chef de cabinet du socialiste Marcel Sembat, ministre des Travaux publics et du ravitaillement, après quoi il s'est présenté aux élections de 1919 et a été élu député de la Seine. Blum a hérité de Jaurès une dimension éthique du socialisme. À ce propos, il a écrit : « Jaurès a moralisé, idéalisé la nécessité, celle de Karl Marx, ou du moins, il a su donner à l'idéal moral, dès aujourd'hui, la force de sa victoire nécessaire et inévitable. » Blum est

entré en politique sur un décret moral, mais il adopte sincè-
rement la doctrine socialiste. Il n'est pas un social-démocrate.
Il croit qu'il y aura un jour une révolution et qu'elle ouvrira
à l'humanité la société sans classe. C'est un idéaliste mais
aussi un marxiste, et peut-être plus marxiste que Jaurès lui-
même. Il s'agit bien pour lui de réaliser la propriété collective des moyens de production – la propriété privée n'est
qu'une usurpation légalisée. Il ne remet pas en cause la nécessité d'une révolution sociale. Mais il est tout à fait opposé
au communisme, au léninisme. Pour lui, cette société future et
sans classe viendra certainement, comme l'espérait Jaurès,
d'un combat continu, d'une série d'étapes. C'est pourquoi
il était tout à fait hostile au blanquisme, aux putschs, aux
coups d'État, etc. Jaurès avait parlé en son temps d'« évolution révolutionnaire », et Blum reprend l'idée à son compte.

Il faut aussi mentionner son judaïsme. Son premier mariage
avait été célébré à la synagogue de la rue de la Victoire, mais
ni lui ni sa femme Lise n'étaient pratiquants, et ils ne firent
pas circoncire leur fils. Son judaïsme est culturel (« le Juif a
la religion de la justice », écrit-il) ; mais il est aussi sociologique : au-delà de sa famille, il s'est lié à de nombreux amis
juifs, et *La Revue blanche* des frères Natanson passait pour
une revue « juive ». Pour l'historien allemand Ziebura, son
universalisme était nourri de la pensée hébraïque de l'Ancien
Testament, qui rejoignait aisément l'humanisme et le messia-
nisme révolutionnaire français dans la tradition des Quinet,
Michelet, Hugo et Ledru-Rollin pour former avec eux une
synthèse parfaite.

Au sein du Parti socialiste, Blum est plutôt minoritaire. Le secrétaire général du parti est Paul Faure – un guesdiste – depuis la scission de Tours de 1920. Et entre les deux hommes il n'y a pas de communauté de pensée, on le verra dans la suite des événements. Mais Blum est en position de force parce qu'il a acquis un prestige moral considérable au congrès de Tours, en décembre 1920, quand il s'est révélé comme le leader de la minorité qui a refusé l'adhésion du Parti socialiste à l'Internationale communiste, et s'est proclamé le « gardien de la vieille maison » – entendez le parti socialiste SFIO.

Pourquoi a-t-il refusé le bolchevisme et l'adhésion à la IIIᵉ Internationale ? Ce n'est pas parce qu'il est opposé à la dictature du prolétariat. Il pense qu'au cours du processus révolutionnaire, il y aura une vacance de la légalité, et qu'une dictature du prolétariat, de courte durée – surtout pas personnelle, comme cela se passe en Union soviétique – sera une étape de transition. Seulement, il est profondément démocrate, ce en quoi il est proche de Jaurès. Pour lui, socialisme et démocratie vont de pair. Le socialisme a besoin de la démocratie pour s'épanouir, comme la démocratie a besoin du socialisme pour assurer l'avènement de l'égalité, cette égalité économique, qui est contenue comme une promesse dans la formule républicaine « liberté, égalité et fraternité ».

Blum a donc conçu une théorie de l'exercice et de la conquête du pouvoir : la conquête du pouvoir, c'est la révolution. L'exercice du pouvoir, c'est, en cas de victoire électorale dans un contexte qui ne serait pas mûr pour la révolution, la formation d'un gouvernement, qui tenterait une politique de réformes vers un régime social plus juste, plus égalitaire. Dans la théorie de Blum, cet exercice du pouvoir est pensé comme une expérience. Il ajoutera à ces deux notions, une troisième : l'occupation du pouvoir. Là, il s'agit d'utiliser préventivement l'instrument étatique contre la menace fasciste. Le danger fasciste nécessite que l'on occupe le pouvoir pour que l'autre ne l'ait pas. Rappelons-nous que le Front populaire s'est soudé d'abord dans l'antifascisme.

L'équipe gouvernementale a été le fruit d'un certain nombre de tractations, de négociations avec les groupes parlementaires, dans la logique des institutions de la IIIᵉ République. Blum doit compter avec les députés qui seront ministres, car à cette époque il était difficile d'admettre que l'on puisse être ministre sans mandat électoral.

Mais il introduit quelques innovations. Première innovation, il va être un président du Conseil sans portefeuille. C'est Blum qui a fait du président du Conseil un chef de gouvernement qui ne s'occupe que de la direction générale, de la synthèse, de la coordination et du programme. Celui-ci, jusqu'alors, était toujours en charge d'un portefeuille ministériel – politique extérieure ou politique économique. C'est à ce moment-là que l'hôtel Matignon rue de Varenne devient le siège de la présidence du Conseil. Blum est entouré d'un directeur de cabinet, qui est un ami, André Blumel, et de Jules Moch, secrétaire général de la présidence – tous deux venus du Parti socialiste. Voilà deux personnes qui comptent beaucoup. Ensuite viennent trois ministres d'État : Camille Chautemps, Maurice Viollette et Paul Faure.

Deuxième innovation : Blum regroupe les différents ministères en six grands groupes. 1) la Défense nationale, avec les radicaux Édouard Daladier et Pierre Cot, qui est chargé de l'aviation ; 2) l'administration générale avec le socialiste Roger Salengro, à l'Intérieur, et Jean Zay, radical, à l'Éducation nationale ; 3) les Relations extérieures et la France d'Outre-mer avec Yves Delbos et Marius Moutet ; 4), les Finances, avec le socialiste Vincent Auriol ; 5), l'Économie nationale, avec Charles Spinasse et Georges Monnet, à l'Agriculture ; 6) la Solidarité sociale, avec Jean-Baptiste Lebas au Travail et Léo Lagrange aux Loisirs.

Troisième innovation, considérable : il fait entrer trois femmes, sous-secrétaires d'État, dans le gouvernement. Pensez que les femmes n'avaient pas le droit de vote, et n'étaient pas éligibles ! C'étaient Cécile Brunschvicg, à l'Éducation nationale, Irène Joliot-Curie, à la Recherche scientifique, et Suzanne Lacore, chargée, à la Santé publique, du droit de l'enfance.

Au total, c'est une grosse équipe de 35 personnes, en comptant les secrétaires d'État. La composition politique est la suivante : 16 socialistes, 13 radicaux, 3 membres de l'Union socialiste et républicaine. Tel est le rapport des forces. On n'a pas renoncé à doser, à équilibrer, selon l'usage. Ce sont des politiques. Il y a 4 sénateurs, 27 députés, seulement 4 non-parlementaires, dont 3 femmes. Parmi eux,

8 journalistes, 6 universitaires, un médecin, 10 avocats – la tradition ne se perd pas –, et 3 comptables. Il y a un homme jeune, on aura l'occasion d'en reparler : Jean Zay, député d'Orléans, radical, qui fait partie des Jeunes Turcs, ces jeunes radicaux, avec Pierre Mendès France. À 32 ans, il a été choisi par Léon Blum pour le poste très important de l'Éducation nationale, qui remplace l'Instruction publique.

Les grèves : une fête de libération

Le gouvernement est formé le 4 juin, mais, depuis la victoire du 3 mai, la situation politique est bouleversée. Dès le lendemain de la victoire électorale, un mouvement de grève a soulevé le pays et a pris une ampleur totalement inouïe.

Tout d'abord, il y a eu une immense joie populaire. Le soir des résultats et le lendemain, on a vu les gens se réunir devant les mairies, sur les places publiques, chanter *L'Internationale*, *La Carmagnole* ou *La Marseillaise*. Inversement, ces élections ont soulevé une grande peur, celle des possédants. Chaque semaine, le bilan de la Banque de France montrait les sorties d'or, les exportations de capitaux. Qu'une majorité de gauche ait pu l'emporter, avec le soutien des communistes, a fait peur. Les possédants, ceux qui avaient du bien, ont cru que la révolution était à leur porte. La situation paraissait totalement nouvelle. Cette grande peur, il faut la garder à l'esprit pour comprendre la suite.

C'est dans cette atmosphère de victoire et d'inquiétude qu'un mouvement de grève spontané se déclenche. Il n'est absolument pas programmé, ni par les partis ni par la CGT. Tout commence le 11 mai, avec une première grève au Havre, à l'usine Breguet, puis à Toulouse, le 13, aux usines Latécoère.

Ces premières grèves ont le même motif : des ouvriers qui ont fait grève le 1er mai ont été renvoyés par leur patron pour absentéisme. Le 1er mai n'était pas alors un jour férié, mais c'était depuis la fin du XIXe siècle un jour chômé, un jour de grande manifestation. Dans les deux cas, au Havre et à Toulouse, les ouvriers cessent le travail pour protester contre ces licenciements abusifs. Et les grèves prennent un visage tout à fait original : elles s'accompagnent d'une occupation d'usine.

C'est une grande nouveauté. On avait vu des occupations d'entreprises en Italie, au lendemain de la Seconde Guerre mondiale, en 1920, mais quasiment jamais en France. Et le Code civil, naturellement, interdisait la chose au nom du sacro-saint droit de propriété. Et voilà que des ouvriers cessent le travail et restent dans les usines, dans leurs ateliers.

Dans les deux cas, un accord est trouvé, grâce à un arbitrage municipal et les mouvements se sont résorbés. On en a à peine parlé dans la presse et on a pu croire que c'était un phénomène local. Mais, le 14 mai, une troisième grève éclate, aux usines Bloch à Courbevoie. Cette fois, le motif est différent : les revendications touchent principalement aux salaires. Les premières étaient des grèves défensives, celle-ci est « offensive ». Encore une fois, un accord est trouvé.

Le 18 mai, nouvelle grève, à Vénissieux, puis à Longwy, dans les aciéries. Le 26 mai, le mouvement de grève se généralise dans la région parisienne.

Nulle part, il n'y a eu de consignes syndicales. Ce sont des grèves d'initiative locale. Les ouvriers, sur le tas, avec leurs délégués syndicaux, établissent des cahiers de revendications, qui portent généralement sur les salaires, parfois sur les 40 heures, qui étaient prévues (sans précision de chiffre) dans le programme du Front populaire. De proche en proche, on voit un phénomène d'imitation, de contagion. Et c'est ainsi qu'après l'usine Nieuport à Issy-les-Moulineaux, les établissements Lavalette à Saint-Ouen, Hotchkiss (une grande marque d'automobile) à Levallois, sont touchés. Et bientôt la grève embrase toute la métallurgie dans la région parisienne. Partout, les ouvriers arrêtent le travail et s'installent sur leur lieu de travail, souvent avec la complicité de la population. Dans toutes les communes où il y a des usines en grève, on assiste à des mouvements de fraternisation, d'entraide. Parfois, des comités locaux s'organisent pour rassembler des vivres pour les grévistes. Toutes les femmes ne travaillent pas à l'époque, et les épouses, les compagnes, solidarisées avec d'autres, apportent du ravitaillement, des litres de vin rouge, etc. Et cela évidemment, c'est beaucoup plus grave que la victoire de la gauche. On entre dans un processus révolutionnaire : les grévistes portent atteinte non seulement à la liberté du travail, mais aussi à la propriété privée.

Que peut faire le gouvernement Sarraut, dont le mandat s'achève le 4 juin ? Va-t-il déloger les ouvriers par la force ? Personne n'y est favorable. Ni le gouvernement ni le patronat. User de la force, envoyer la police, risquerait d'aggraver les choses et de démultiplier le mouvement. C'est un fait sans précédent. Partout, des négociations s'engagent et elles aboutissent souvent, du reste. Les usines Renault et leurs succursales passent peu à peu des accords. Le mouvement paraît un temps en régression. Mais il repart de plus belle au début de juin.

Le 2 juin, le mouvement se généralise. Cette fois, ce qui est extraordinaire, c'est que la grève affecte non seulement les grandes industries métallurgiques, chimiques, etc. mais aussi le tertiaire, les grands magasins et il est généralement le fait d'ouvriers et d'employés qui ne sont pas syndiqués, qui ne l'ont jamais été. Et lorsque Léon Blum prend le pouvoir, le 4 juin, les grèves sont au niveau le plus élevé. Elles ont atteint quasiment tous les domaines, y compris la restauration, l'hôtellerie, la distribution d'essence, les laboratoires pharmaceutiques, le bâtiment, le gaz, l'agriculture. Et partout, on voit l'occupation d'usines ou du lieu de travail, avec une organisation remarquable, disciplinée. Les choses se passent, si l'on peut dire, dans le plus grand ordre et avec le sens de la fête, ce qui fait l'étonnement des observateurs, des journalistes – et qui rassure un peu le patronat, quoique furieux, évidemment, contre ce mouvement qui attente à son autorité et à sa propriété. Au sujet du caractère révolutionnaire de ces grèves, on objectera leur nature festive : on chante, on danse dans les cours d'usine au son de l'accordéon.

Ce qui est remarquable, c'est que Léon Blum n'y peut rien, dans un premier temps. Le mouvement est entraîné par une telle dynamique... Pour le nouveau gouvernement, ces grèves massives ne sont pas un cadeau ! Il a été investi, la confiance lui a été accordée à une très large majorité, mais, au début de juin, le pays est paralysé et l'investiture de Blum n'y a rien changé. Son souci est naturellement de mettre fin à ce mouvement. Imaginez, par exemple, que le mazout n'arrive plus chez les boulangers, et qu'on ne peut plus faire le pain.

La plupart de ces grévistes n'ont pas de programme. La philosophe Simone Weil, qui s'était établie volontairement aux usines Renault, a magnifiquement décrit la grève. Elle y voit l'occasion pour les ouvriers d'affirmer leur dignité. Ils ne faisaient pas grève, dit-elle, pour obtenir satisfaction de telle ou telle revendication, même si ces revendications étaient importantes, mais pour la joie de s'affirmer en tant qu'être humain et de contester au patronat une autorité « de droit divin » :

« Le public et les patrons, et Léon Blum lui-même et tous ceux qui sont étrangers à cette vie d'esclaves, sont incapables de comprendre ce qui a été décisif dans cette affaire. C'est que, dans ce mouvement, il s'agit de bien autre chose que de telle ou telle revendication particulière, si importante soit-elle. Si le gouvernement avait pu obtenir pleine et entière satisfaction par de simples pourparlers, on aurait été bien moins content. Il s'agit, après avoir toujours plié, tout subi, tout encaissé en silence, pendant des mois et des années, d'oser enfin se redresser, se tenir debout, prendre la parole à son tour, se sentir des hommes pendant quelques jours. Indépendamment des revendications, cette grève est en elle-même une joie, une joie pure, une joie sans mélange. Oui, une joie. J'ai été voir les copains dans une usine où je travaillais il y a quelques mois. J'ai passé quelques heures avec eux : joie de pénétrer dans l'usine avec l'autorisation souriante d'un ouvrier qui garde la porte, joie de trouver tant de sourires, tant de paroles d'accueil fraternel, comme on se sent entre camarades dans ces ateliers où, quand j'y travaillais, chacun se sentait tellement seul sur sa machine ; joie de parcourir librement ces ateliers où l'on était rivé sur sa machine, de former des groupes, de causer, de casser la croûte, joie d'entendre au lieu du fracas impitoyable des machines, symbole si frappant de la dure nécessité sous laquelle on pliait, de la musique, des chants et des rires. On se promène parmi ces machines auxquelles on a donné pendant tant et tant d'heures le meilleur de sa substance vitale et elles se taisent, elles ne coupent plus de doigts, elles ne font plus de mal. Joie de passer devant les chefs la tête haute. On cesse enfin d'avoir à lutter à tout instant pour conserver sa dignité à ses propres yeux contre une tendance presque invincible à se soumettre corps et âmes. Joie de voir les chefs se

faire familiers, par force, serrer des mains, renoncer complètement à donner des ordres ; joie de les voir attendre docile-
ment leur tour pour avoir le bon de sortie que le comité de
grève consent à leur accorder ; joie de dire ce qu'on a sur le
cœur à tout le monde, chefs et camarades, sur ces lieux où
deux ouvriers pouvaient travailler des mois côte à côte sans
qu'aucun des deux sache ce que pensait le voisin ; joie
de vivre parmi ces machines muettes au rythme de la vie
humaine, le rythme qui correspond à la respiration, aux bat-
tements du cœur, aux mouvements naturels de l'organisme
et non à la cadence imposée par le chronométreur. Bien sûr,
cette vie si dure recommencera dans quelques jours, mais on
n'y pense pas, on est comme les soldats en permission pendant la guerre et puis, quoi qu'il puisse arriver par la suite,
on aura toujours eu ça. Enfin, pour la première fois et pour
toujours, il flottera autour de ces lourdes machines d'autres
souvenirs que le silence, la contrainte et la soumission.
Des souvenirs qui mettront un peu de fierté au cœur, qui
laisseront un peu de chaleur humaine sur tout ce métal. »

Il faut avoir à l'esprit les conditions de travail à l'usine
dans les années 1930. Les historiens du travail décrivent
l'amélioration de la condition ouvrière depuis la première
loi sociale qui date de 1841, et sans doute le travail est moins
pénible qu'au XIXe siècle. Songez par exemple à la journée
des huit heures, qui a été votée en 1919. Mais on travaillait
encore six jours sur sept. Les congés payés n'existaient pas.

Et le taylorisme, qui avait été introduit dans les années 1920, imposait des cadences, des rythmes épuisants, et une division des tâches qui rendait le travail ouvrier parcellisé, inintelligent. La situation était dure, les salaires stagnaient ou régressaient. La peur du chômage pesait sur tous, un peu comme aujourd'hui. Et elle était d'autant plus grande que, contrairement à aujourd'hui, aucune des aides sociales actuelles n'existait.

Les patrons sont à cette époque les propriétaires de leur entreprise et refusent toute contestation de leur autorité. Ils ont aussi souvent le sentiment d'exercer un rôle social important car ils donnent du travail aux autres. Naturellement, ils ont dû, en raison de l'essor ouvrier, accepter la loi sur la grève de 1864 et la loi qui autorise les syndicats de 1884. Mais, à l'intérieur de leur entreprise, ils entendent rester les maîtres, ils sont dans un état d'esprit hérité du XIXe siècle. Ces grèves du Front populaire ont été pour eux un bouleversement. À tous points de vue, c'est un moment capital dans notre histoire sociale. La vieille autorité patronale a été sapée.

Et c'est vrai que la grève a été un défouloir, une joie, comme le dit si bien Simone Weil, sur les lieux même où l'on était contraint, abruti. Cette grève a aussi été exceptionnelle par ce qui est révélé dans ce texte : sa dimension de fête, j'y reviens. L'un de nos historiens, Antoine Prost, qui a étudié ces grèves de 1936 («Les grèves de juin 1936, essai d'interprétation», dans le colloque «Léon Blum, chef de gouvernement», publié en 1967), propose l'interprétation suivante : ces grèves étaient conduites par des acteurs qui, pour la majorité d'entre eux, avaient un très faible niveau de conscience politique – « on fait grève d'abord, on se demande ensuite quelle revendication formuler », rapportait Simone Weil – et « c'est une fête de libération, indiscutablement, plus qu'un acte qui vise un effet précis, écrit Antoine Prost. L'occupation d'usine est un geste. »

En elle-même, la grève a une valeur expressive, elle révèle des hommes à leurs propres yeux et c'est pourquoi ils ne l'oublieront jamais. Ce fut un moment de fraternité rare, extraordinaire, ne serait-ce que parce que ces ouvriers ont fait connaissance entre eux : souvent ils ne se connaissaient même pas. Alors, on a du mal à penser qu'il s'agit de grèves véritablement révolutionnaires, mais peut-être la révolution est-elle là, précisément, dans l'audace même des occupations et dans la joie ressentie par ces hommes et ces femmes qui ont osé.

L'accord Matignon

Reprenons la chronologie. L'arrivée au pouvoir de Léon Blum et du Front populaire ne change rien. Dans la plupart des usines, même celles où la grève s'était arrêtée, le mouvement a repris, notamment dans la métallurgie, chez Renault, etc. Le mouvement atteint les services publics et le tertiaire, ceux qu'on appelle les « cols blancs » ou les « prolétaires en faux col » : les grands magasins, les Galeries Lafayette, le

Printemps, les Trois-Quartiers à Paris, mais aussi les salles de spectacle, les cinémas, etc. Ce n'est plus un mouvement uniquement ouvrier, c'est un mouvement de salariés. Tous les quartiers d'une ville sont atteints.

Ces grèves placent le gouvernement dans une situation extrêmement délicate. Il n'y a plus de pain, je l'ai dit, la production est arrêtée, la fuite des capitaux s'accélère. La CGT aussi se trouve dans une situation délicate. Elle n'a pas eu l'initiative de ces grèves et il ne faut pas qu'elle ait l'air d'être à la remorque. Il faut donc tenter de les canaliser. Les syndicats organisés tentent donc, là où ils le peuvent, d'établir des contacts avec le patronat. Mais il est frappant, quand on lit la presse des 5 et 6 juin, de voir à quel point les instances dirigeantes, le gouvernement en tête et les syndicats, sont dans l'impuissance.

Les communistes pressent pour que le mouvement soit résorbé. Ils veulent éviter tout débordement. Paul Vaillant-Couturier écrit dans *L'Humanité* le 6 juin : « Les pourparlers rompus doivent être repris, c'est à l'autorité gouvernementale d'intervenir avec force auprès des syndicats patronaux pour qu'ils acceptent de donner satisfaction aux ouvriers. La situation présente, due à l'égoïsme et à l'obstination patronale, ne saurait se prolonger sans péril pour la sécurité du peuple de France. »

Tout cela va se terminer par une négociation triangulaire entre le gouvernement, les représentants du patronat et la CGT. À l'époque, le patronat est organisé dans la Confédération générale de la production française, la CGPF, mais il reste en

France assez dispersé et, localement, les petits patrons pourraient refuser d'appliquer des accords négociés par la CGPF. Pourtant, ce sont les patrons qui prennent l'initiative et sollicitent Léon Blum pour ouvrir les négociations. Ils sont reçus le 5 juin à Matignon.

Le 7 juin, à 15 heures, Blum fait asseoir à la même table les représentants de la CGT, dont les principaux sont Jouhaux, Frachon et Belin, et les représentants de la CGPF, Lambert-Ribot, Duchemin et Dalbouze, pour discuter des revendications portant sur les salaires. Le gouvernement est représenté, outre Blum, par Salengro, Dormoy, Lebas et Moch. Le patronat ne se fait pas d'illusion : la pression des grévistes est tellement forte qu'on ne pourra guère résister aux revendications. Deux réunions se succèdent. La première de 15 heures à 20 heures, la suivante de 23 heures à 1 heure du matin. Les représentants patronaux s'étonnent ou feignent de s'étonner des conditions de salaire qui existent dans ce pays et du fait qu'il n'existe pas de salaire minimum. Hypocrites ou pas, peu importe, ils se montrent assez coopératifs pour arriver à un accord. Leur grand souci est la fin des occupations d'usines. Le fond de l'accord Matignon est là : des augmentations de salaires (de 7 à 15 %) en échange de la fin des occupations d'usines. Mais il y a plus et mieux. L'accord prévoit l'établissement de contrats collectifs de travail, par métiers ; la reconnaissance de la pleine liberté syndicale – certaines grèves avaient éclaté en raison du licenciement de syndicalistes ; et bien sûr, aucune sanction pour cette grève. Remarquez que ce n'est pas une loi mais une sorte de *gentlemen's agreement*.

L'accord Matignon n'a pas de fondement juridique, il est le résultat d'un rapport de forces, d'une négociation.

L'accord Matignon est communiqué à la presse dans la nuit, un peu avant 1 heure du matin. Il est publié par les journaux du 8 juin, sous de gros titres : « La Victoire est acquise » *(L'Humanité)*, « Victoire sur la misère » *(Le Peuple)*, « Victoire de la classe ouvrière » *(Le Populaire)*. Le gouvernement se fait fort de ce résultat, qui est magnifique : « Un triomphe pour le gouvernement de Front populaire, lit-on dans *Le Populaire*, dont la rapidité et la clarté de décision ont forcé la volonté et les appréhensions patronales. » Ce même 8 juin, Léon Jouhaux donne la mesure de cette victoire dans un discours radiodiffusé : « La victoire obtenue dans la nuit de dimanche à lundi consacre le début d'une ère nouvelle. [...] Pour la première fois dans l'histoire du monde, toute une classe obtient dans le même temps une amélioration de ses conditions d'existence. Cela est d'une haute valeur morale, cela montre péremptoirement qu'il n'est pas nécessaire de réaliser l'État totalitaire et autoritaire. » Allusion directe à l'Union soviétique : il n'est pas besoin de la dictature bolchevique pour assurer l'élévation de la classe ouvrière. La CGT, dont les adhérents passent de 1 à 5 millions, est l'un des grands bénéficiaires de ces grèves, quoiqu'elle ne les ait pas lancées. Elle a récupéré le mouvement et a été son porte-parole dans les réunions de Matignon.

Le discours du leader syndicaliste n'est pas au goût de tout le monde. François Mauriac exprime, dans un article du *Figaro* du 17 juin, ses « sentiments inavouables » : « L'étalage de la bonté humaine, en ces jours où la démocratie coule à pleins bords, devrait nous attendrir et nous faire répandre toutes les larmes de Jean-Jacques. J'avoue qu'elle me glace et qu'après avoir entendu, à la TSF, M. Jouhaux célébrer la plus grande époque de l'espèce humaine, je cherche dans ma bibliothèque le tonique de quelque vieil auteur un peu cynique et bien dépouillé... »

Il faut savoir terminer une grève...

Et pourtant, les grèves ne s'arrêtent pas après l'accord Matignon. Au 12 juin, il y a 2 millions de grévistes. La peur des possédants est à son comble : si le gouvernement de Front populaire n'est pas capable d'arrêter les grèves, après avoir accordé de telles satisfactions à la classe ouvrière, que va-t-il advenir ? Tout le monde est inquiet, y compris au gouvernement.

À l'extrême gauche, les trotskistes ou, au sein du Parti socialiste, les partisans de Marceau Pivert, les membres de la Gauche révolutionnaire affirment que la situation est révolutionnaire, qu'on peut aller plus loin et en finir avec le régime capitaliste.

Deux organisations vont jouer un rôle très important : la CGT de Léon Jouhaux et le Parti communiste. La CGT réunifiée a connu un essor considérable de ses effectifs. La peur qui avait freiné l'adhésion syndicale n'est plus de mise. La CGT représente, face au patronat, un autre pouvoir. Antoine Prost montre que le maximum des effectifs se situe au début de 1937, avec près de 4 millions d'adhérents. Mais la CGT vise au contrôle ouvrier, se méfie des grèves « sauvages ». Elle va contribuer à la mise en œuvre des conventions collectives, à l'élection des délégués ouvriers et jouer pleinement son rôle réformiste.

Le Bureau politique du PCF, lui, décide de lancer des appels aux grévistes pour terminer la grève. Le 10 juin, il déclare sans se désolidariser des grévistes : « Le Bureau politique exprime sa solidarité aux grévistes et se félicite que les travailleurs, dans leurs actions légitimes, réalisent le mot d'ordre du parti concernant la réconciliation française. Il adresse son salut chaleureux aux travailleurs catholiques et Croix-de-Feu qui, avec les socialistes et les communistes, luttent ensemble et arborent dans les usines, ateliers et bureaux, le drapeau tricolore de nos pères et le drapeau rouge de nos espérances réconciliées par le Parti communiste. Il nie que les patrons aient fait de grands sacrifices. Le Parti communiste combattra les affameurs du peuple qui veulent organiser la croisade de la vie chère. Le Bureau politique nie que les gardes mobiles et l'armée soient hostiles aux travailleurs en lutte. »

Mais simultanément, le Parti, Thorez en tête, va tenter d'arrêter le mouvement. Dans *Fils du peuple*, son autobiographie, dont la première édition date de 1937, Thorez raconte : « Dans la semaine du 7 au 14 juin, le mouvement des grèves atteignit son point culminant. Des nouvelles alarmistes semaient l'inquiétude dans les campagnes. Malgré les accords Matignon, de nombreux employeurs refusaient de conclure des contrats avec leurs ouvriers. Il y eut à plusieurs reprises des interventions de la police. Des éléments suspects, trotskistes, Croix-de-Feu, s'introduisaient dans le mouvement avec l'espoir de le faire dégénérer en une aventure préjudiciable à la classe ouvrière. Notre parti avait appuyé la grève. Cette solidarité agissante nous appelait à prendre de nouvelles responsabilités. Il y a eu des risques de dislocation pour le Front populaire. Le prolétariat n'allait-il pas se couper du gros de l'armée populaire [rappelons-nous que les ouvriers ne constituent pas la majorité de la population active] ? À notre esprit est revenu le souvenir des tragiques événements de juin 1848 et de mai 1871. À aucun prix nous devions laisser se créer semblable situation. Nous nous rappelions l'enseignement de Lénine : ne pas céder aux impatiences. Il écrivait aux ouvriers français en 1920 : "Ce qui a toujours fait beaucoup de mal en France, c'est la phrase anarchiste." Le 11 juin, dans une capitale en fièvre, nous avions convoqué une assemblée d'information des membres du parti. »

Le 11 juin, le bureau politique du PC se réunit donc. Il s'agit de trouver les mots qu'il faut pour arrêter le mouvement. Et c'est alors que Thorez prononce ces mots restés célèbres : « Il faut savoir terminer une grève dès que satisfaction a été obtenue. Il faut même savoir consentir au compromis si toutes les revendications n'ont pas été encore acceptées mais que l'on a obtenu la victoire sur les plus essentielles des revendications. »

L'Humanité du 12 juin publie en première page ce passage capital. « Il faut savoir terminer une grève » devient le mot d'ordre du Parti dans tous les discours communistes à partir du 12 juin. On le dit, on le répète. Et petit à petit, à partir du 13 juin, les négociations ayant abouti, soit par des compromis, soit par des victoires ouvrières complètes, avec la signature des contrats collectifs, on voit le mouvement décliner. Il se résorbe peu à peu au cours du mois de juin. Mais il a fallu du temps. Comment renoncer à la grève alors qu'on a déjà obtenu tant de choses ? On veut aller plus loin, et puis il y a cette atmosphère extraordinaire de bonheur.

Mais cela s'est arrêté, progressivement. Et tout cela se conclut par une formidable fête à Paris, le 14 juillet 1936, quand un million de Parisiens, a-t-on dit, se retrouvent place de la Nation et défilent jusqu'à Vincennes. Une sorte d'apothéose du Front populaire.

La révolution n'aura pas lieu

Si la grève a été spontanée, elle est tout de même soutenue par une agitation d'extrême gauche, qui en attend la révolution. Il existe en effet un gauchisme dans le Front populaire. Ce gauchisme n'est pas le fait du Parti communiste, mais celui de minorités socialistes. À l'intérieur du Parti socialiste, c'est la Gauche révolutionnaire, un courant mené par Marceau Pivert. Étant donnée l'organisation démocratique du Parti socialiste, Marceau Pivert peut écrire dans *Le Populaire*, le quotidien du parti, une tribune qui va faire grand bruit, le 27 mai 1936, sous le titre « Tout est possible » :

« Qu'on ne vienne pas me chanter des airs de berceuse, tout un peuple est désormais en marche d'un pas assuré vers un magnifique destin. Dans l'atmosphère de victoire, de confiance, de discipline qui s'étend sur le pays, oui, tout est possible aux audacieux. Tout est possible, et notre parti a ce privilège et cette responsabilité tout à la fois d'être porté à la pointe du mouvement. Il n'est pas vrai que nos amis radicaux puissent ou même désirent s'opposer à certaines revendications d'ordre économique comme la nationalisation du crédit, de l'énergie électrique ou des trusts [il fait allusion au programme initial du Front populaire dont les communistes et les radicaux n'ont pas voulu] ; il n'est pas vrai que nos frères communistes puissent ou même désirent retarder l'heure de la révolution sociale en France pour répondre à des considérations diplomatiques d'ailleurs dignes d'examen. On ne freinera pas, on ne trahira pas la poussée invincible du Front populaire de combat. Ce qu'appellent du fond de leur conscience collective des millions et des millions d'hommes et de femmes, c'est un changement radical à brève échéance de la situation politique et économique. On ne pourrait pas remettre à plus tard impunément, sous prétexte que le programme du Front populaire ne l'a pas explicitement définie, l'offensive anticapitaliste la plus vigoureuse. Les masses sont beaucoup plus avancées qu'on ne l'imagine, elles ne s'embarrassent pas de considérations doctrinales compliquées mais, d'un instinct sûr, elles appellent les solutions les plus substantielles, elles attendent beaucoup, elles ne se contenteront pas d'une modeste tisane de guimauve portée à pas feutrés au chevet de la mère malade. Au contraire, les opérations chirurgicales les plus risquées entraîneront leur consentement, car elles savent que le monde capitaliste agonise et qu'il faut construire un monde nouveau si l'on veut en finir avec la crise, le fascisme et la guerre. »

À cette tribune, qui ne représente pas la majorité des socialistes, loin de là, répond le Parti communiste par la plume de Marcel Giton dans *L'Humanité*, le 29 mai 1936. Le titre est : « Tout n'est pas possible. » « Mais non, Messieurs, il n'est nullement question de chambardement ou d'anarchie. Il y a simplement des travailleurs honnêtes, réputés pour leurs qualités professionnelles et qui, depuis plusieurs années, ont vu leur salaire réduit à de multiples reprises. Ils ont connu tantôt le chômage complet, tantôt le chômage partiel, leurs familles vivent au jour le jour, manquant bien souvent du strict nécessaire. Ils veulent des conditions plus humaines, c'est tout. Non, non, Marceau Pivert, il n'est pas question pour le gouvernement de demain d'opérations chirurgicales. » Ainsi, les positions sont nettement établies : d'un côté un mouvement gauchiste, qui veut profiter de la formidable lame de fond de la grève, et, de l'autre, le Parti communiste, qui poursuit dans sa logique d'union et sa stratégie de défense de l'Union soviétique. On n'est pas là pour faire une révolution. D'ailleurs, une tentative révolutionnaire pourrait entraîner la contre-révolution.

Les gauchistes du PS sont dans l'impasse. Daniel Guérin, lui aussi membre de la Gauche révolutionnaire, a décrit cette

contradiction dans *Front populaire, révolution manquée* :
« Nous ne pouvions entériner ni la collusion électorale, ni
les comités parlementaires, mais nous ne pouvions pas non
plus en condamnant sans appel le Front populaire apparaître
comme nous isolant de ce formidable mouvement. »

Ont-ils des alliés ? Quelques anarchistes, autour du journal
Le Libertaire. Les trotskistes sont peu nombreux. Ils sont
léninistes : ils comptent sur un parti pour faire la révolution
et non pas sur l'action des syndicats ou des travailleurs en
grève. Leur obsession, c'est de constituer un grand Parti
communiste antistalinien. Certains pensent que ces grèves
lancées par la base ouvrière peuvent être l'occasion de créer
ce grand parti révolutionnaire. Ils sont divisés en plusieurs
groupes, comme toujours : il y a ceux qui ont quitté la SFIO
après avoir fait de l'entrisme, les bolcheviques léninistes, les
jeunesses socialistes révolutionnaires, le groupe dirigé par
Pierre Frank, les franquistes. Quant à Trotski, il juge lui-
même que la situation est révolutionnaire en France. Il y a
aussi un embryon d'opposition communiste, qui, comme
toujours, a du mal à exister. Ces minorités, qu'ont-elles en
commun ? Leur maximalisme, le refus de l'alliance entre les
classes moyennes et la classe ouvrière, de la collaboration
de classe. Leur première critique, c'est que le Front populaire n'est pas un front prolétarien.

Voilà donc toute une constellation dont les mots d'ordre
sont dirigés contre le gouvernement de Front populaire.
Mais ces gauchistes sont tellement divisés qu'ils ont beau,
avec Trotski, saluer les grèves de juin comme le début

classique de la révolution, ils n'ont pas d'écho auprès des grévistes. Ceux-ci vivent un grand mouvement de révolution sociale, si l'on veut, mais pas une révolution politique.

Daniel Guérin eut tout de même l'espoir que la révolution était proche : « La température populaire était montée à un degré tel que le passage de l'exercice à la conquête [il fait allusion à la théorie de Blum] pouvait nous apparaître, en dépit de la casuistique blumiste, comme imminent. Le distinguo allait être balayé. Nous nous installerions dans l'expérience pour très vite la déborder en prenant appui sur l'action directe des masses, car, naïfs impénitents, nous ne pouvions écarter tout à fait un fol espoir, peut-être Blum ne s'en tenait-il à l'exercice qu'à l'usage externe pour rassurer les radicaux, ménager le national-communisme, et nous suivrait-il pour peu que nous lui forcions la main. »

Marceau Pivert, lui aussi, a repris dans ses mémoires le thème d'une révolution qui aurait pu avoir lieu. Blum n'aurait eu qu'un mot à dire, explique-t-il, mais il était trop grand bourgeois, subtil, raffiné, pour devenir un chef révolutionnaire. Ce qui fausse complètement l'analyse de Marceau Pivert, c'est qu'il n'y avait pas de révolution possible et imaginable en France en 1936 sans le Parti communiste. Or c'est justement le parti le plus modéré. Les masses pouvaient, par leur force même, y arriver croyait Marceau Pivert. L'échec de la Gauche révolutionnaire et la suspension de Pivert en avril 1938 entraînera le départ de celui-ci et la formation du Parti socialiste ouvrier et paysan.

Les grandes réformes

La révolution n'a pas eu lieu, mais il y a eu les grandes réformes qui feront le rayonnement du Front populaire. Dans la foulée de l'accord Matignon, les grandes lois sociales ont été votées, les 11 et 12 juin, par la Chambre, prolongeant l'accord Matignon, en particulier la loi sur les congés payés. Pour la première fois, les salariés du secteur privé obtenaient un congé annuel payé, ce qui était sinon révolutionnaire, du moins une réforme considérable. La loi rend obligatoires des conventions collectives, portant sur les conditions de travail et les salaires, négociées entre représentants syndicaux et représentants du patronat par branches professionnelles. C'est une transformation considérable des relations de travail. Le 12 juin, c'était la loi sur la semaine des 40 heures. Pensez à un ouvrier qui travaille à la chaîne dans une grande usine métallurgique, chez Hotchkiss, Renault ou Citroën : il a une journée de congé en plus par semaine et deux semaines de congés annuels. Cette législation, personne ne l'a remise en cause. Il faut citer aussi la suppression des décrets-lois relatifs au prélèvement sur les traitements des fonctionnaires. Voilà le principal.

Le débat sur la loi des 40 heures a été sérieux. Le socialiste (et économiste) André Philip a plaidé en faveur d'une loi qui contribuerait à la baisse du chômage et qui accomplirait pour les travailleurs leur droit au loisir. Le second argument était imparable ; le premier fut discuté, notamment par Paul Reynaud : « L'expérience Léon Blum va contre l'expérience universelle, explique-t-il. Le gouvernement va surcharger les prix de revient qui sont déjà les plus élevés du monde. » À cela, le gouvernement répondait par l'argument de la croissance (dans notre vocabulaire d'aujourd'hui) : en parvenant à « ranimer la capacité de production, dit Léon Blum, la charge des frais de gestion se répartira sur un plus grand nombre d'objets produits ». La loi des 40 heures était finalement votée par 408 voix contre 160. Le Sénat ratifia les cinq textes législatifs du 12 juin, mais non sans critique, à commencer par l'intervention du radical Joseph Caillaux, défenseur du petit et moyen patronat : « L'expérience tentée par Léon Blum, déclare-t-il, s'inspire des sentiments nobles et élevés ; mais je crains qu'elle ne soit pas adaptée aux nécessités de la vie française. »

Le Front populaire eut aussi une grande ambition dans le domaine de la politique des loisirs, de l'éducation et de la culture pour tous... Deux noms sont attachés à l'œuvre culturelle du Front populaire, Jean Zay et Léo Lagrange. Le premier, ministre de l'Éducation nationale, déjà présenté, sera une des victimes de la Milice, assassiné le 21 juin 1944. Les antisémites le désignaient comme un des juifs du Front populaire. En fait, si son père était juif, il avait été lui-même éduqué dans la religion protestante de sa mère. Le second, sous-secrétaire d'État à l'organisation des Loisirs et aux Sports, était jeune lui aussi, né en 1900. Il était avocat de profession, comme Jean Zay.

Zay a été un grand ministre de l'Éducation nationale. Ses attributions n'étaient pas seulement attachées à l'éducation : c'est aussi de son ministère que dépendait l'ensemble de la politique en matière de création artistique et scientifique. La décision la plus importante, celle en tout cas que l'on retient, est l'allongement de la scolarité de 13 à 14 ans. Pour une fois, la laïcité, pomme de discorde s'il en est entre la gauche et la droite, ne fut pas à l'ordre du jour. Une circulaire rappela seulement que dans les établissements publics, les élèves ne devaient porter aucun signe d'appartenance politique ou religieuse. Zay se bat sur un autre terrain, celui d'une réforme d'ensemble du système éducatif fondé sur l'orientation méthodique et le tronc commun. Il n'eut ni le temps ni les moyens de faire aboutir son projet de démocratisation de l'enseignement, par la création d'une « école unique » où ne seraient plus séparés le primaire supérieur et le secondaire. Il put réaliser cependant un ensemble de mesures en faveur de constructions et d'équipements scolaires, et en faveur de certains enseignements comme l'éducation physique. Dans les autres activités, son ministère encouragea toutes les formes de la création artistique. Si l'on prend l'exemple du théâtre, il y eut une volonté de populariser le théâtre, non seulement par des subventions à des troupes théâtrales, qui permirent notamment l'abaissement du prix d'entrée dans les théâtres, mais encore par l'intermédiaire de la radio nationale, dont les programmes théâtraux furent multipliés.

La période du Front populaire, de manière générale, fut celle des innovations, comme la création du Musée des Arts et Traditions populaires, et des projets qui furent des jalons posés dans la démocratisation de la culture. À ce chapitre, n'oublions pas la recherche scientifique, avec la création d'un sous-secrétariat d'État *ad hoc*, qui fut confié à Jean Perrin. Mais, dans tous ces domaines, l'argent manquait cruellement, et les urgences étaient ailleurs.

Il y a cependant un domaine de réussite, restée vivace dans les mémoires, et dont Léo Lagrange avait la charge, celui des loisirs. La loi sur les congés payés et la loi sur les 40 heures créaient un contexte favorable. L'été 1936 fut le premier été des grandes vacances populaires. Avec son épouse Madeleine Lagrange, l'historien du mouvement ouvrier Édouard Dolléans, et une équipe solidaire, Lagrange s'est lancé avec enthousiasme dans une politique de loisirs populaires, qui devaient être sportifs, touristiques mais aussi culturels. Il avait en tête un plan de « clubs de loisirs », qui devinrent plus tard les centres Léo Lagrange. L'idée était d'offrir un peu partout une salle où l'on trouverait de quoi lire, de quoi écouter de la musique, jouer au ping-pong ou au billard. « Le Club de Loisirs, dit-il, sera pour l'ouvrier, le paysan, le chômeur, un moyen nouveau d'acquérir la joie de vivre et de conquérir la dignité. »

Le nom du ministre est attaché à l'essor des Auberges de la jeunesse. Il n'en a pas été le fondateur. La première est née d'une initiative d'un démocrate chrétien, Marc Sangnier, qui créa la première auberge à Bierville, dans la région parisienne, en 1930. Mais le Centre laïque des Auberges de la jeunesse, créé en 1933, prend alors véritablement son essor. Pour les vacances populaires, le ministère obtint des compagnies de chemin de fer (la SNCF sera créée en 1937) les billets populaires de congés payés qui accordaient 40 % de réduction. L'été 1936 reste mémorable pour beaucoup, qui découvrirent alors la mer ou la montagne.

Cela nous a valu le beau passage du plaidoyer de Léon Blum, lors du procès de Riom qui lui fut intenté par Vichy : « Je ne suis pas sorti souvent de mon cabinet ministériel pendant la durée de mon ministère ; mais chaque fois que j'en suis sorti, que j'ai traversé la grande banlieue parisienne et que j'ai vu les routes couvertes de théories de "tacots", de motos, de tandems avec des couples d'ouvriers vêtus de pull-overs assortis et qui montraient que l'idée de loisir réveillait chez eux une espèce de coquetterie naturelle et simple, j'avais le sentiment d'avoir, malgré tout, apporté une embellie, une éclaircie dans des vies difficiles, obscures. On ne les avait pas seulement arrachés du cabaret ; on ne leur avait pas seulement donné plus de facilité pour la vie de famille ; mais on leur avait ouvert une perspective d'avenir, on avait créé chez eux un espoir. »

Nul doute que le grand mythe positif du Front populaire a été nourri par l'immense nouveauté que constituait cette politique de loisirs, que jusque-là on n'imaginait pas être du ressort d'un gouvernement. Plus tard, dans les années 1970, le Parti socialiste intitula son programme « Changer la vie ».

Je ne saurai dire qu'une fois au pouvoir, en 1981, il a réussi son ambition. Je suis, en revanche, convaincu de ce que la politique du Front populaire, par les congés payés notamment, a pu changer la vie des ouvriers. Car les vacances, ce ne sont pas seulement deux semaines passées au vert, c'est l'idée, tout au long de l'année, qu'il y aura une pause, qu'il y aura une échappée, une embellie selon le mot de Blum.

CHAPITRE 4
PACIFISME OU ANTIFASCISME ?

Quelques semaines après la victoire électorale, le 18 juillet 1936, le début de la guerre civile espagnole met le gouvernement du Front populaire face à un dilemme. Léon Blum a affirmé, le 23 juin, dans le débat de politique extérieure, sa volonté de paix, mais celle-ci est-elle désormais compatible avec l'aide que réclame le gouvernement de *Frente popular* espagnol ? Le 20 juillet, le gouvernement français promet au gouvernement espagnol une aide en avions et en armes pour résister au coup de force militaire. Quelques jours plus tard, Léon Blum propose aux États européens un accord de non-intervention en Espagne.

La « non-intervention relâchée »

La politique d'aide à l'Espagne républicaine servait les intérêts de la France, car la victoire des insurgés pouvait faciliter l'installation de bases navales et aériennes à l'Italie et à l'Allemagne – qui étaient des ennemis potentiels de la

France. Cependant, la diplomatie française est liée de longue date avec la diplomatie britannique. Blum part donc pour Londres où il rencontre Anthony Eden. En France, la presse de droite, *L'Écho de Paris*, *Le Jour*, se déchaîne contre les fournitures d'armes à la république espagnole : la meilleure manière, dit-elle, de provoquer l'intervention des Italiens et des Allemands. Le président de la République fait pression sur Léon Blum pour qu'il renonce à ces livraisons d'armes. Le 25 juillet, un Conseil des ministres décide à l'unanimité de ne pas intervenir « dans le conflit intérieur d'Espagne ». Le 31 juillet, le ministre radical des Affaires étrangères, Yvon Delbos, déclare à la Chambre des députés : « Nous aurions pu livrer des armes au gouvernement espagnol, gouvernement légitime de droit et de fait. Nous ne l'avons pas fait, d'abord par doctrine et par humanité, et pour ne pas donner un prétexte à ceux qui seraient tentés d'en fournir aux rebelles. »

Cependant, l'extension du conflit était déjà un fait, puisque la veille, deux avions militaires italiens sont surpris en Espagne. Dès lors, Léon Blum va revoir sa décision. Il fait savoir qu'il désire la non-intervention, mais qu'il peut, en attendant, répondre aux demandes du gouvernement espagnol. Sans réponse des Italiens dans les jours suivants, la France livre à l'Espagne 17 appareils Dewoitine. Puis, pour faire avancer la négociation sur la non-intervention, il renonce de nouveau à ses livraisons. Le 15 août, une proposition franco-britannique est lancée, et finalement acceptée par l'Italie, l'Allemagne et l'URSS.

Cependant, les insurgés progressent en Espagne, et Léon Blum doit se défendre contre les attaques venues de la gauche, surtout de la part du Parti communiste. Le 6 septembre, à Luna Park, Blum explique la nécessité de la non-intervention, pour éviter le « danger de conflagration générale ». Le lendemain, Vaillant-Couturier réplique : « Rien n'est moins vrai que de croire que la guerre générale sortirait fatalement de la simple observation du droit international à l'égard du gouvernement issu du suffrage universel. »

En fait, cette politique de non-intervention est une duperie. Le 30 septembre, la délégation espagnole révèle devant la Société des Nations que ni les Allemands ni les Italiens ne la respectent. On sait par ailleurs que les Soviétiques interviennent eux aussi. Les Anglais et les Français n'en persistent pas moins dans leur politique pacifique : même boiteux, l'accord empêche le pire. Les communistes protestent. Le 30 octobre, Maurice Thorez attaque Léon Blum : « C'est Léon Blum qui porte la responsabilité de la non-intervention, dirigée en fait contre l'Espagne. » Le 5 décembre, Blum se défend à la Chambre des députés : à ses yeux, la politique de non-intervention a empêché une guerre généralisée. En fait, le gouvernement français laisse le libre passage à des livraisons d'armes en Espagne. C'est ce que Léon Blum appelle une « non-intervention relâchée ». La France permet notamment le transit du matériel soviétique depuis Dunkerque jusqu'à Perpignan et la frontière espagnole, par convois sous plomb.

L'attitude de Léon Blum est dictée aussi par l'exigence de préserver la cohésion du Front populaire. Car si les communistes lui reprochent la non-intervention, les radicaux, eux, font pression dans le sens inverse. N'oublions pas, d'autre part, l'influence de la Grande-Bretagne, qui ne veut rien entendre sur une intervention possible. Ce sera une constante tout au long de ces années qui précèdent la guerre, que François Bédarida a appelée : la « gouvernante anglaise ». Les Français ne veulent rien faire sans les Britanniques. On l'a vu au moment de l'affaire éthiopienne en 1935 ; on l'a vu de nouveau, en mars 1936, quand Hitler a décidé de remilitariser la Rhénanie. Finalement, le Front populaire a été menacé de dislocation par la guerre d'Espagne, mais il a résisté à la tempête. Le Parti communiste, sans admettre cette politique de non-intervention, se contentera, le 5 décembre 1936, de s'abstenir à la Chambre des députés, pour ne pas faire exploser la majorité de gauche. Par ailleurs, il fournira le plus gros contingent des volontaires aux Brigades internationales (sous la direction de Tillon, Marty, Rol-Tanguy, Billoux) qui iront se battre en Espagne.

Longtemps après cet épisode tragique, on a reproché à Léon Blum cette politique de non-intervention, fût-elle « relâchée ». Mais toute autre politique ne pouvait être possible sans l'appui des radicaux. Ceux-ci, à quelques exceptions près, dont celle de Pierre Cot, responsable de l'aviation, étaient farouchement hostiles aux livraisons d'armes. Pierre Cot, lors du colloque sur « Léon Blum, chef de gouvernement », a bien montré quelle duperie fut cette

non-intervention que personne ne respectait, mais il ajoutait :
« En ce qui me concerne, j'ai beaucoup regretté que les circonstances n'aient pas permis à Léon Blum d'adopter une
autre politique. Je dis bien les circonstances, car je suis tout
à fait d'accord pour déclarer qu'étant donné la situation politique, il ne pouvait pas faire autrement. [...] Je pense qu'on
n'a pas le droit de reprocher à Léon Blum de ne pas avoir
agi davantage en faveur de l'Espagne républicaine, parce que
personne, à ce moment-là, n'aurait pu le faire sans aboutir à
une chute ministérielle que l'Espagne ne désirait pas. »

La guerre d'Espagne posait crûment la question du pacifisme : l'antifascisme était-il compatible avec « la paix à tout
prix » ? Cette question a miné en profondeur les partisans du
Front populaire. Déjà, en mars 1936, au moment de la remilitarisation de la Rhénanie, à une date où Hitler pouvait être
arrêté, le gouvernement Sarraut avait suivi le refus d'intervenir des Britanniques, sans que les organes du Front populaire (qui n'était pas encore au pouvoir) protestent.
Le Parti socialiste, qui ne s'est jamais pardonné d'avoir
participé à l'Union sacrée en 1914-1918, qui s'est opposé au
traité de Versailles, a adhéré à un pacifisme que d'aucuns
appelaient « intégral ». Le mot d'ordre du « plus jamais ça »
était largement répandu : plus jamais de guerre, mais aussi :
« nous ne serons plus jamais dupes ». Ce pacifisme très profond a d'ailleurs poussé beaucoup de socialistes vers le
communisme – Lénine avait conclu la paix de Brest-Litovsk
en mars 1918. La thèse d'Annie Kriegel sur les origines du

Parti communiste montre bien que l'adhésion au Parti communiste en 1920 a été dans une large mesure le fait de pacifistes qui en voulaient au Parti socialiste d'avoir trahi l'idéal de paix. Le mouvement ouvrier a rejeté cette guerre et a exalté la figure de Jaurès, assassiné le 31 juillet 1914. Cela dit, lui vivant, il aurait probablement été favorable à la défense nationale – tous ses écrits antérieurs l'indiquent. Mais Jaurès mort, sa mémoire a été consacrée comme un martyr de la paix.

Dès lors, Léon Blum tout autant que Paul Faure, secrétaire général de la SFIO, sont acquis à une politique de paix, qui implique nombre de concessions aux États nationalistes et expansionnistes comme l'Allemagne et l'Italie. La mobilisation « antifasciste » visait, pour beaucoup de militants de gauche, le fascisme (ou prétendu fascisme) intérieur : les ligues au premier chef, et bientôt la ligue des Croix-de-Feu du colonel de La Rocque, de loin la plus puissante, prolongée après sa dissolution en 1936 par le Parti social français. Vous connaissez le slogan qui résume le néo-pacifisme de droite : « Plutôt Hitler que Blum ! » Il y en aurait un autre, de gauche : « Plutôt La Rocque comme ennemi que Hitler ! »

Jusqu'en 1938, Léon Blum et Paul Faure font entendre à peu près le même discours. Pas tout à fait, cependant, car Blum, très attaché à la sécurité collective, a été profondément déçu par l'impuissance de la SDN lors de l'affaire éthiopienne, cette guerre de conquête de l'Italie mussolinienne contre un État souverain membre de la SDN. Il n'est donc pas opposé à une diplomatie plus traditionnelle, et n'est pas défavorable au pacte franco-soviétique (conclu en 1935), tandis que Paul Faure lui est hostile. Néanmoins, lors de la remilitarisation de la Rhénanie, Faure et Blum sont à l'unisson contre toute politique de fermeté.

Face à Hitler, le pacifisme des socialistes a désarmé – c'est le cas de le dire – leur antifascisme. Ce pacifisme provient surtout de la Grande Guerre. Sans doute y a-t-il plusieurs sortes de pacifismes. L'un, perceptible au sein du courant Gauche révolutionnaire de Marceau Pivert, serait un « pacifisme révolutionnaire » proche du « défaitisme révolutionnaire » de Lénine en 1915. Un autre est le « pacifisme intégral » : c'est celui de Paul Faure, c'est celui du courant Révolution constructive de Georges Lefranc, Claude Lévi-Strauss, Maurice Deixonne, Georges Albertini, Guy Mollet, et de quelques autres, souvent anciens normaliens, qui ont une certaine influence dans le Parti socialiste et à la CGT où ils constituent la tendance Syndicats. Un homme s'est particulièrement illustré dans le pacifisme intégral, c'est Félicien Challaye, qui écrivait en 1932 : « Plutôt l'occupation étrangère que la guerre ! » Il était partisan de « la paix désarmée, même face à Hitler ».

De nombreux socialistes en sont venus à confondre socialisme et pacifisme : pour le désarmement même unilatéral, contre les pactes bilatéraux, les alliances traditionnelles. Lorsque, en 1935, Staline encourage la France dans sa défense nationale, Paul Faure s'indigne : « Nous refusons d'être solidaires d'un faux patriotisme qui est tarifé à la Bourse des valeurs comme une mine d'or ou une fabrique de conserves. »

Léon Blum, lui, tout en sacrifiant beaucoup à l'idéal de la sécurité collective, se révèle de moins en moins hostile à une barrière de défense qui serait le fruit d'une alliance entre la France, la Grande-Bretagne et l'URSS. En 1935, Hitler a décidé le rétablissement du service militaire en Allemagne, malgré les traités ; en 1936, il remilitarise la rive gauche du Rhin, malgré le traité de Locarno, et il prête une aide importante aux ennemis de la République espagnole : la menace devient de plus en plus évidente. C'est pourquoi Blum, le partisan du désarmement, va entamer, comme chef de gouvernement, les débuts d'une politique de réarmement.

Pacifistes et bellicistes

On date généralement la « conversion » de Léon Blum à l'effort de guerre préventif du moment de la reculade de Munich. L'historien Robert Frank a fait constater que le virage est amorcé avec la guerre d'Espagne. Malgré la politique de non-intervention, Blum augmente sensiblement les dépenses militaires. D'autant que Hitler allonge le service militaire en Allemagne à deux ans, à la fin août 1936. Le 7 septembre, le Conseil des ministres, qui fixe un programme quadriennal pour l'armement terrestre, juge, par la parole du ministre de la Défense nationale Daladier, les 9 milliards réclamés par l'état-major... insuffisants. Le gouvernement accepte de porter ce chiffre à 14 milliards. À quoi il ajoute un plan pour l'aviation préconisé par Pierre Cot. Ce sera, quelques semaines plus tard, un programme de construction navale de trois ans.

Le contraste budgétaire avec les dépenses militaires des gouvernements précédents était de taille. Ces dépenses pèseront lourd, au détriment des mesures sociales. Elles obligent la France à demander une aide à la Grande-Bretagne, dont elle devient un peu plus dépendante. La « pause » – pause dans les réformes –, décidée en février 1937, s'explique en partie par ces dépenses militaires. En 1938, revenu au pouvoir au moment de l'Anschluss, Léon Blum fait adopter un nouveau train de crédits militaires, surtout au profit de l'aviation, alors que le directeur du Mouvement général des fonds, Jacques Rueff, lui suggérait de ralentir l'exécution du programme d'armement.

Ces dépenses ont provoqué de sévères critiques au Parti socialiste. Marceau Pivert en fut le porte-parole le plus véhément. Dans une tribune du *Populaire* d'octobre 1936, il écrivait : « Le programme du Front populaire ne comporte pas le "renforcement de la défense nationale", et il n'y a aucune raison, bien au contraire, pour que la volonté du parti, favorable au service à court terme, et à la diminution des crédits militaires, s'efface devant les exigences de l'état-major. » Le 7 novembre, il devient plus sévère : « Ainsi on voudrait nous faire admettre que pour se protéger contre les hitlériens d'en face, il faut déjà se soumettre aux hitlériens français. Et toute la propagande socialiste de vingt années en faveur du désarmement, toutes les décisions régulières du parti condamnant la folle augmentation des crédits militaires, tous les beaux discours de Daladier, Blum, Thorez contre les deux ans vont être rayés, oubliés, bafoués par le triomphe de l'état-major. [...] La course aux armements, la domestication de la jeunesse, la frénésie militariste n'auront pas notre consentement. »

Un autre reproche a été fait au Front populaire : l'application brutale de la loi des 40 heures, qui a nui au réarmement. C'est la thèse en particulier d'Alfred Sauvy. Il y a à ce sujet une controverse technique dans laquelle je n'ai pas compétence. Disons que les ralentissements de la production observables notamment dans l'aéronautique au début de 1937 peuvent s'expliquer par la transition entre deux plans, par la nationalisation des entreprises dont les effets ne sont pas immédiats. Au demeurant, l'assouplissement de la loi des 40 heures en 1938 a certainement contribué à améliorer la production. Quoi qu'il en soit, si la France a pris du retard en matière de réarmement, Robert Frank démontre que la période décisive ne fut pas celle du Front populaire mais celle qui l'a précédé, en 1934-1935. Un paradoxe est que Pétain va faire grief à Blum d'avoir perdu la guerre, au procès de Riom, or il était lui-même ministre de la Défense nationale en 1934 dans le cabinet Doumergue : c'est alors que les crédits militaires ont été les plus faibles. Le retard n'a pas pu être rattrapé, malgré les efforts de Léon Blum.

Au demeurant, l'état d'esprit de la majorité socialiste n'était pas aux préparatifs de guerre. La crise de l'Anschluss et la crise tchèque de 1938 le montrent bien. C'est en mars 1938 que se produit l'Anschluss, c'est-à-dire l'annexion de l'Autriche par l'Allemagne hitlérienne, avec la complicité des nazis autrichiens. L'événement se produit alors que la France est en crise ministérielle, à la suite de la démission du cabinet Chautemps le 10 mars. Quatre jours plus tard, Léon Blum constituait un nouveau gouvernement de Front populaire, avec Daladier à la Défense nationale et Paul-Boncour aux Affaires étrangères. Toutefois, dans sa déclaration du 17 mars à la Chambre, il propose de remplacer ce gouvernement par un gouvernement d'union nationale, en raison de la situation internationale. Un appel resté sans réponse, à quelques exceptions près, celle de Paul Reynaud notamment. Le second gouvernement Blum dura moins d'un mois.

Daladier lui succéda avec une équipe composée principalement de radicaux et de modérés. À cette date – avril 1938 – on peut estimer que le Front populaire était terminé, même si, en quelques occasions, sa majorité a pu se reformer. Il faut néanmoins aller jusqu'aux accords de Munich, pour vérifier en profondeur le désaccord sur la politique étrangère au sein du Front populaire.

Avec la crise dite des Sudètes (Hitler, soutenu par un parti nazi en Tchécoslovaquie, revendiquait l'annexion des Sudètes, province de langue allemande) et la conférence de Munich, le Parti socialiste va se casser en deux. D'un côté, Léon Blum, conscient de la menace hitlérienne ; d'un autre côté, Paul Faure, enfermé dans son idéologie pacifiste. Le congrès de Royan de juin 1938 suit Léon Blum : « Le socialisme français veut la paix, même avec les impérialismes totalitaires, mais il n'est pas disposé à s'incliner devant leurs entreprises. S'il était réduit à cette extrémité, qu'il essaierait de prévenir par tous les moyens, il saurait défendre l'indépendance du sol national, l'indépendance de toutes les nations couvertes par la signature de la France. »

Cependant, cette fermeté de Blum et de ceux qui le soutiennent n'est pas allée jusqu'à rejeter la reculade de Munich, livrant les Sudètes et, à terme, la Tchécoslovaquie à l'Allemagne. Cette attitude est conforme à l'opinion française, qui, depuis l'arrivée de Hitler au pouvoir, s'accommode d'une politique de l'autruche. Blum parlera d'un « lâche soulagement » ressenti au lendemain de la conférence de Munich. L'adjectif montre bien sa lucidité. En même temps, il n'était pas en mesure de refuser la paix, après des jours d'angoisse au cours desquels on avait jugé la guerre inéluctable.

Donc, le 4 octobre, le groupe socialiste ratifie les accords de Munich à la Chambre (à une voix près, celle de Bouhey, député de la Côte-d'Or, dont le nom mérite d'être connu). Il est notable que, le 5 octobre suivant, la réunion de la Commission administrative permanente du parti met aux voix une motion antimunichoise, signée par Jean Zyromski, mais aussi par André Blumel, du cabinet de Léon Blum – une motion repoussée par 18 voix contre 12. De son côté, Paul Faure s'était fait le champion de la « paix » (« Laissons les va-t-en-guerre à leurs tristes excitations. Ne donnons pas dans le panneau de l'antifascisme belliqueux si cher aux communistes, écartons la mystique antifasciste qui accepte les méthodes du fascisme lui-même »), et s'était réjoui des accords de Munich. Les deux tendances, qui opposeront les « bellicistes » aux « pacifistes », devaient s'entre-déchirer jusqu'à la guerre, et le pacifisme expliquera beaucoup le ralliement de tant d'élus socialistes à Pétain.

Les radicaux, eux, sont les héritiers des jacobins ; ils sont naturellement patriotes, soucieux de la défense nationale, ce ne sont pas des pacifistes intégraux ou viscéraux comme nombre de socialistes. Mais les radicaux étaient très divisés sur les relations internationales. Une tendance, représentée notamment par Georges Bonnet, refusait d'être la dupe des communistes : la France n'avait pas à faire la politique de Staline. Et puis, les radicaux sont eux aussi tributaires d'une opinion qui, je l'ai dit, rejette la perspective d'une guerre possible. Après tout, pensent beaucoup, les Sudètes sont une terre allemande ! Sans voir que la revendication de Hitler n'est qu'une première étape dans sa volonté d'expansion. Daladier, alors chef du gouvernement, est hostile à la campagne de presse menée par la tendance Bonnet, qui rejoint celle de la droite. Les fédérations les plus hostiles au Front populaire ont été les plus favorables à la capitulation devant Hitler (la Dordogne de Bonnet, le Nord d'Émile Roche, l'Aude de Mistler, etc.). Une tendance inverse, celle de la résistance, se manifeste aussi, notamment dans l'hebdomadaire *La Lumière*. Pierre Cot, Jean Zay, Yvon Delbos font partie de cette tendance, mais aussi, notons-le, des hommes qui n'avaient pas été favorables au Front populaire, comme Sarraut et Herriot. On le sait : la tendance Bonnet l'a emporté, et Daladier a signé les accords de Munich. Mais cette capitulation sans gloire a valu la gloire à Daladier, acclamé à son retour de Munich comme un sauveur. Il ne faut pas oublier la pression de l'opinion dans la reculade honteuse de Munich. Cette popularité de Daladier va de pair avec la rupture définitive des communistes avec lui. La formule de l'union nationale redevient d'actualité, comme en 1926, comme en 1934 : le gouvernement Daladier s'appuiera sur les radicaux et la droite modérée. Munich a définitivement dissous le Front populaire.

Quant aux communistes, ils n'étaient ni pacifistes ni bellicistes : ils étaient staliniens, et suivaient les mots d'ordre de Moscou. Tant que Staline a pu croire en une alliance avec les démocraties à même de juguler Hitler, ils ont été de fervents « antifascistes », favorables à la défense nationale, à l'effort en matière d'armement, et des antimunichois résolus. Ils furent même à la Chambre le seul groupe qui vota en bloc contre les accords de Munich. Quand Staline s'avisera de signer un pacte avec Hitler, en estimant que c'était alors (en août 1939) le meilleur moyen d'éloigner la guerre de ses frontières, les communistes, malgré leur désarroi, et à l'exception de quelques-uns, se mirent à entonner un nouvel air pacifiste contre « la guerre impérialiste ». Mais cela se passait pendant l'été 1939 et dans les mois suivants. Pendant toute la durée du Front populaire, de 1935 à 1938, ils furent les partisans de la fermeté aussi bien à propos de l'Espagne que des agressions hitlériennes. La défense de l'URSS coïncidait avec la politique d'entente franco-soviétique contre Hitler entamée en 1934 par Louis Barthou. Munich isola complètement les communistes.

En dehors des partis politiques, la politique extérieure divisa aussi très profondément les partisans du Front populaire. Le Comité de vigilance des intellectuels antifascistes (CVIA) était profondément pénétré par le pacifisme. À titre symptomatique, Alain n'avait cessé, depuis ses premiers écrits, de manifester un antimilitarisme foncier. Le Comité se trouve écartelé entre la volonté de lutter contre les fascistes et celle de sauvegarder la paix à tout prix. La contradiction va éclater au moment de la guerre d'Espagne. On suit la polémique dans le journal du CVIA, *Vigilance*. Le 17 octobre 1936, on peut y lire une lettre de Pierre Gérôme aux pacifistes, qui demande la levée de l'embargo sur les armes à destination de l'Espagne et dénonce le pacifisme. Le fossé va peu à peu s'élargir entre les deux tendances, à mesure que se succèdent les agressions hitlériennes. Dans le numéro de *Vigilance* du 20 avril 1938, Pierre Gérôme et ses amis écrivent : « Sous l'influence du pacifisme extrême, l'action du CVIA se dénature à tel point qu'elle ne peut plus être qualifiée d'antifasciste. » Ils notent la répugnance des soi-disant antifascistes pacifistes à dénoncer le fascisme hitlérien, de peur sans doute qu'il n'alimente un esprit de guerre, et c'est pourquoi ils préfèrent lutter contre le fascisme « intérieur ».

Aux accords de Munich, le divorce est consommé entre la tendance pacifiste majoritaire, avec des gens comme

Félicien Challaye, les pivertistes comme Colette Audry, le disciple d'Alain Michel Alexandre, et en face, les communistes et les communisants (Henri Wallon, Marcel Prenant, Frédéric Joliot, Jean Perrin, Jean-Richard Bloch). Après l'Anschluss, Alain a écrit encore dans *Vigilance* : « Il n'y a qu'un piège, qui est celui de la guerre juste, qu'on appelle aussi la dernière des guerres. » Lors de la conférence de Munich, associé à Jean Giono et à Victor Margueritte, il télégraphie à Daladier, pour désavouer les défenseurs de l'intégrité tchécoslovaque et lui demander de sauver la paix par « tout arrangement équitable ». Jusqu'en juillet 1939, *Vigilance* réserve ses attaques les plus dures au réarmement, à ce qu'il appelle « la lente fascisation et militarisation du pays » ! Mais les démissions se succèdent. Paul Rivet, qui était l'un des fondateurs, se retire en octobre 1938. À travers l'histoire du CVIA, on voit à quel point la question de la paix a miné le Front populaire.

Chez certains intellectuels, naît pourtant une conscience nouvelle du danger hitlérien. Je vous donne l'exemple d'un groupe en pleine évolution au cours de ces années « munichoises ». La revue *Esprit*, née en 1932, dirigée par le philosophe Emmanuel Mounier, est profondément pacifiste. Cela va changer en 1938, après l'Anschluss et Munich. Au moment de Munich, la revue, par la voix de Mounier, prend des positions nettement anti-munichoises. Il va en résulter un débat, quatre collaborateurs relativement importants vont ruer dans les brancards. Mais ils sont minoritaires et la revue va, pour combattre l'esprit de reculade, d'abandon face à Hitler, créer

pour être plus active un journal bimensuel, qui s'appelle
Le Voltigeur, dans lequel, par lequel, Mounier et ses amis veulent se battre dans un esprit antifasciste, mais qui comprend
aussi l'armement moral face à l'Allemagne hitlérienne.
Donc, dans certains secteurs de la société, il y a eu cette
prise de conscience et cela déchire aussi bien les intellectuels que les militants, les élus.

Il y a quelque chose d'incompréhensible, pour nous, dans
cet aveuglement face à la menace fasciste en Europe, si l'on
ne tient pas compte du traumatisme qu'a représenté la
Première Guerre mondiale, encore toute proche. La guerre
de 1914-1918 a causé la mort de 1 400 000 Français, elle a
fait des millions de mutilés, de gazés, de blessés. Elle a laissé
une « patrie exsangue », selon le mot consacré. En ces années
du Front populaire, les répercussions démographiques de
cette saignée sont sensibles : entre 1935 et 1940, les décès
annuels sont plus nombreux que les naissances. Ce pays, pas
encore sorti des effets terribles de la Grande Guerre, est tout
naturellement pacifiste. De ce point de vue, le Parti socialiste est au diapason de la société française, qui rejette viscé-
ralement la perspective d'une nouvelle guerre.

Ce qui renforce et légitime ce pacifisme qu'on pourrait
appeler « naturel » ou « biologique », né d'un instinct de
survie, c'est la convergence d'une certaine droite et d'une
certaine gauche. La droite a été longtemps la gardienne du
patriotisme, elle se dit « nationale » ; elle a été poincariste,
intransigeante à l'endroit de l'Allemagne de Weimar. Or elle

est pénétrée par un pacifisme politique nouveau dû à la menace du communisme et à son hostilité au Front populaire. Au fond, même antigermanique, elle considère que le principal danger n'est pas Hitler mais Staline. À ses yeux, les communistes sont des fauteurs de guerre, c'est par la guerre qu'ils feront leur révolution comme Lénine. Cet anticommunisme se double chez certains d'un antisémitisme qui peut s'exprimer d'autant mieux que Léon Blum est président du Conseil : les juifs veulent la guerre pour se venger de Hitler qui les persécute. Cette droite qui, implicitement chez les modérés, explicitement chez les extrémistes, juge que Hitler est un rempart face au danger révolutionnaire, influence une partie de la gauche qui, on l'a dit, est plus profondément, plus doctrinalement pacifiste. Il y a un anticommunisme de gauche, notamment dans la tendance radicale de Georges Bonnet, qui rejoint l'anticommunisme de droite sur ce terrain du pacifisme. Il y a, plus à gauche, cette aberration de considérer tout effort de réarmement comme une preuve de la « fascisation » du pays. Il y a tous les bons sentiments et toutes les belles âmes qui s'aveuglent complètement sur la nature du régime hitlérien et sont tout prêts à accepter toutes les revendications de Hitler, l'une après l'autre. Cette convergence des deux pacifismes en France a été mortelle.

Mais il n'est pas exact, comme on l'entend dire souvent, que la Chambre du Front populaire ait voté les pleins pouvoirs à Pétain, le 10 juillet 1940. D'abord, parce que, le 10 juillet 1940, les communistes ne participent pas à ce vote, puisque leur parti a été interdit. Ensuite, parce qu'un certain nombre de députés sont absents, parce qu'ils sont partis sur le *Massilia*. Enfin, ce vote est celui du Parlement, c'est-à-dire la Chambre plus le Sénat – et le Sénat n'avait pas été élu au moment du Front populaire. On ne peut pas dire qu'il s'agisse encore à cette date de la « Chambre du Front populaire ».

Cela dit, la majorité des élus socialistes, sénateurs et députés ont voté pour Pétain – il n'y a eu au total que 80 « non », parmi lesquels celui de Léon Blum. Olivier Wieviorka, qui a fait une très belle étude sur ceux qui ont voté les pleins pouvoirs le 10 juillet 1940, révèle que cela ne détermine pas nécessairement leur attitude dans les quatre années qui vont suivre : certains vont entrer dans la Résistance et inversement, parmi les 80, d'autres se sont ralliés au maréchal. Le vote du 10 juillet est aussi empreint de beaucoup d'ambiguïté : en votant pour Pétain, on ne votait pas nécessairement pour la Révolution nationale qu'il va improviser.

La gauche et la guerre

De manière plus générale, cet épisode dramatique souligne la difficulté de la gauche à concevoir le rapport de force en politique extérieure. Blum, à un moment donné, s'est ressaisi et s'est converti à un certain réalisme politique et stratégique. Mais la gauche socialiste qui, par définition, est l'ennemie de la guerre, doctrinalement, n'est pas toujours bien armée face au danger extérieur. Les républicains, eux, avaient une politique extérieure très réaliste. Depuis la Révolution française, ils n'avaient pas hésité à faire la guerre. Et la IIIe République n'a pas répugné à conclure une alliance avec la Russie tsariste. Il y avait là une méthode qui, pour ne pas remonter plus haut, fait penser à Richelieu, qui pouvait s'allier à des puissances protestantes.

Le socialisme, en revanche, a été d'emblée un mouvement pacifiste. Il établit l'équation : capitalisme égale guerre. C'est l'idée que les guerres n'éclatent que pour des raisons d'intérêt, de marché, de concurrence entre des impérialismes. «Le capitalisme porte la guerre en lui comme la nuée porte l'orage», disait Jaurès. Pourtant le même Jaurès a théorisé le principe d'une armée populaire, une «armée nouvelle», pour reprendre le titre de son livre, qui serait une force défensive. La France était certes un pays capitaliste. Mais c'était une république qui méritait d'être défendue, car cette république était le sanctuaire, le moule dans lequel le socialisme pourrait être instauré. Jaurès a toujours pensé la révolution socialiste comme un prolongement de la Révolution de 1789. Il conçoit donc cette théorie de l'armée populaire, sur le modèle helvétique : des milices organisées dans toutes les communes, qui, en cas d'attaque, pourraient se mobiliser contre l'agresseur. Mais la guerre de 1914 a rendu cette perspective totalement obsolète, car elle a révélé l'importance des nouveaux armements de destruction de masse. On ne pouvait plus, après 1914, imaginer une guerre de miliciens. Et de fait, après Jaurès, il n'y a plus tellement de théorie militaire chez les socialistes, et c'est le pacifisme qui s'impose de plus en plus.

Naturellement, la question s'est reposée avec la guerre froide et elle a encore divisé la gauche. Dans les années 1950, les communistes se sont emparés du mot « paix » : le Congrès de la paix, le Mouvement de la paix, etc. Et cette invocation de la paix était une manière de protéger l'Union soviétique contre d'éventuels agresseurs impérialistes, en particulier les États-Unis, qui étaient très en avance en matière d'armement atomique. Les socialistes, de leur côté, se sont ralliés à l'Alliance atlantique, à l'OTAN. Et on a vu Guy Mollet, très pacifiste avant la guerre, se faire le champion de l'OTAN, pour opposer les forces alliées à une éventuelle agression soviétique.

La question s'est posée une nouvelle fois lorsque la gauche, unie cette fois, a pris le pouvoir en 1981. Les Américains proposaient de disposer un rideau de Pershing en face des fusées SS20 soviétiques et ils ne pouvaient le faire qu'avec l'accord des démocraties occidentales. François Mitterrand, tout allié aux communistes qu'il était, a pris une décision très ferme en autorisant l'installation des Pershing en France. Alors qu'en Allemagne, les jeunes gens scandaient le slogan : « Plutôt rouge que mort », Mitterrand a déclaré dans un fameux discours de 1983, devant un Bundestag gagné par le pacifisme : « Les pacifistes sont à l'Ouest et les fusées sont à l'Est. » On voit chez lui une conscience de la nécessité de la défense nationale.

François Mitterrand n'hésita pas non plus à engager la France aux côtés des Américains dans la première guerre d'Irak, mais il y avait une question de droit international. L'Irak avait été reconnu par l'ONU comme un pays agresseur. Le Koweït, membre de l'ONU, était envahi par un autre État, comme au temps où Mussolini envahissait l'Éthiopie du Négus. L'intervention en Irak apparaissait conforme à la sécurité collective. Néanmoins, cela a été considéré par certains comme une entorse aux principes de la gauche. C'est une tendance très profonde, à gauche, et plus largement dans notre société, cette incapacité à imaginer désormais la possibilité d'une guerre qui mobiliserait les Français. Des guerres lointaines, par procuration oui, mais une guerre qui mobiliserait des Français, c'est devenu très difficile à concevoir.

Pour beaucoup de gens de gauche, aujourd'hui comme hier, les dépenses militaires ne servent à rien, ou au contraire gaspillent un argent qui pourrait être mieux employé à la construction d'écoles, d'hôpitaux, ou de crèches. La gauche conçoit très bien la lutte des classes à l'intérieur, mais elle ne conçoit pas la lutte des États, des nations à l'extérieur, et c'est une grande faute théorique. J'y vois une certaine fidélité à l'illusion du « bon sauvage », à la bonté originelle de la nature humaine. L'utopie socialiste est née entre la fin de la croyance dans le péché originel et la naissance de la psychanalyse. Au XVIIIe siècle, les philosophes ont contesté le péché originel, et affirmé que l'homme était naturellement bon. S'il ne l'était pas en pratique, c'était à cause de mauvaises institutions – certains diront à cause de la propriété privée, comme Rousseau. Le XIXe siècle a connu une phase d'utopie triomphante : on a cru qu'en faisant la révolution, en changeant les institutions, on pouvait créer un homme nouveau, un homme « régénéré », comme disaient les révolutionnaires, qui serait rendu à sa bonne nature... Le pacifisme, pris comme doctrine de la paix à tout prix et non comme idéal de paix, est tributaire de cette idéologie qui fait l'impasse sur les pulsions agressives, les volontés de puissance, les ressorts proprement psychologiques et anthropologiques des relations entre les hommes et entre les nations. Quand bien même, on connaît la réalité, on se la cache. « Ce que notre époque a de plus singulier, écrivait récemment, Thérèse Delpech, est la conviction que le mal est installé au cœur de l'histoire et le refus frénétique de ce constat » *(L'ensauvagement)*. La gauche doit faire un grand effort pour admettre la nature conflictuelle de l'humanité parce qu'il s'agit d'une conviction de droite, dont l'idéologie traditionnelle (je ne parle pas de la droite d'aujourd'hui) repose sur l'éternité de la guerre.

Lorsque certains ont pu dire, à gauche comme à droite, qu'il fallait construire un État européen, c'est-à-dire une Europe-puissance, dotée d'une diplomatie et d'une force de frappe, d'une armée, beaucoup ont considéré cette perspective inacceptable. Les « non » au référendum du 29 mai 2005 relèvent de toutes les familles politiques, mais je pense que ce refus d'une Europe-puissance est l'un des facteurs d'explication. La mentalité contemporaine est largement fermée à l'idée d'un danger de guerre quelconque. Deux guerres mondiales ont laminé l'esprit de résistance, et puis l'extraordinaire mutation qui s'est produite dans la société occidentale dans la seconde moitié du XXᵉ siècle (croissance sans précédent, niveaux de vie inconnus, transformations du monde du travail où les techniques remplacent le labeur physique, société de loisirs, urbanisation, libéralisation des mœurs, fin du service militaire obligatoire, etc.) a éloigné l'horizon de la guerre. La guerre, c'est ailleurs, c'est loin, ce n'est pas pour nous. « L'esprit de Munich, écrit Soljenitsyne, est une maladie de la volonté chez les peuples nantis. »

Or le danger existe, nous le savons. Il ne s'incarne pas, comme autrefois, dans l'armée d'un État-nation. C'est une armée dispersée, liée par une idéologie et employant des moyens radicalement nouveaux : l'attentat-suicide notamment, fait inimaginable pour les Européens. Devant cette menace, si elle se perpétue, si elle s'aggrave, ne serions-nous pas devant un problème qui se posait, toutes choses égales par ailleurs, au moment de Munich : serons-nous résolus à empêcher le terrorisme par des moyens draconiens ? Cela pose un vrai problème, parce que cela risque de porter atteinte à la liberté – liberté de réunion, liberté d'expression, liberté de circulation. Il y aurait un vrai dilemme : est-ce que nous sommes capables d'une mobilisation générale, des esprits notamment, contre la guerre qui nous menacerait ? Et dans ce cas, on espère que la culture pacifiste n'interdirait pas celle de la fermeté et de la défense de la société. L'islamisme radical à la Ben Laden mise certainement sur cette défaillance possible, et jugée par lui probable des nantis occidentaux. Nous sommes dans une situation complètement différente des années 1930, mais on peut faire des analogies avec notre état d'esprit devant le danger extérieur.

Il y a eu une défaillance chez beaucoup dans les années 1930 au sujet de ce danger extérieur. On ne voulait pas savoir, on a laissé faire Hitler. Et plus on avait de preuves qu'il était dangereux, qu'il menacerait un jour la France, et plus on lui accordait des chances de continuer. Il ne s'agissait pas de retrouver le climat nationaliste d'avant 1914, qui était un climat extrêmement dangereux, belligène. Je ne souhaite pas du tout un climat belligène en France, mais une disposition de l'esprit à accepter les disciplines nécessaires, face aux dangers qui nous menacent. Si l'on veut vraiment faire une analogie avec les années 1936-1938, c'est celle de l'armement spirituel et moral face au danger extérieur.

Les États, les sociétés doivent pouvoir se défendre. Pour sauver la paix, il faut prendre des moyens, parfois accepter des sacrifices financiers ou des disciplines collectives, quand la liberté de tous est plus importante que la liberté de chacun. Mais une fois qu'on a décidé d'être résolu contre le danger, en l'occurrence aujourd'hui celui du terrorisme, encore faut-il pouvoir en tirer une politique intelligente et efficace. Le fait d'attaquer l'Irak, lors de la deuxième guerre d'Irak, même si ce régime était une tyrannie, n'était pas d'une pertinence frappante. L'application des principes, que l'on appelle

la « politique », peut avoir des formes extrêmement variées...
Et tout cela doit être objet de débats, de discussions et de
résolutions – sans que l'on oppose des bellicistes à des pacifistes. Comment se défendre ? par quels moyens et à quel
prix ? Le pire est l'inconscience du danger.

De ce point de vue, le Front populaire aura été un moment
tragique. Jean Guéhenno, un des fondateurs de l'hebdomadaire
Vendredi, a fort bien exprimé cette contradiction terrible
entre les aspirations populaires et le danger extérieur. Il écrit
dans *La Foi difficile* : « Une autre de nos illusions avait été
de croire que la France pouvait ainsi légalement, juridique-
ment installer son modeste bonheur au milieu d'un monde
que la violence dévastait. »

CHAPITRE 5
L'ÉCHEC

Le 21 juin 1937, Léon Blum est amené à démissionner de son poste. Le Front populaire, ce grand moment de la vie politique et sociale française, se termine sur un échec. Dès l'été 1936, les nuages se sont amoncelés au-dessus du gouvernement Blum. Il faut évoquer d'abord la guerre d'Espagne. Certes, ce n'est pas sur cette question que l'alliance a été cassée, puisque, quand Léon Blum a posé la question de confiance sur sa politique étrangère le 5 décembre 1936, les 72 députés communistes se sont abstenus. Il n'empêche, l'Espagne a creusé le fossé entre partisans de l'intervention (les communistes, une partie des socialistes, quelques radicaux) et les défenseurs de la non-intervention. La volonté première du gouvernement d'aider les républicains espagnols a été contrée d'emblée par l'ensemble des radicaux, à commencer par le président de l'Assemblée Édouard Herriot. Il était clair qu'une politique d'intervention serait rejetée par les radicaux et donc ferait éclater la coalition gouvernementale. Mais, de leur côté, les communistes réclamaient « des avions et des canons pour l'Espagne ». Au Parti socialiste s'est constitué un Comité d'action socialiste pour l'Espagne, avec Zyromski, Longuet et quelques autres. À la CGT on rencontre une opposition analogue entre Jouhaux, partisan de l'intervention, et des hommes comme Belin, secrétaire adjoint de la CGT, Delmas, du Syndicat national des instituteurs, hostiles à l'ingérence. L'homogénéité apparente du Rassemblement populaire a été fissurée par la question espagnole.

Deuxième symptôme inquiétant : la dévaluation, rendue nécessaire par l'écart des prix entre la France et l'étranger, est décidée par le gouvernement et votée le 29 septembre 1936. Son taux est important, compris entre 25 et 34 %. Si tardive soit-elle (l'Angleterre a dévalué sa monnaie dès 1931 et les États-Unis en 1933), cette dévaluation va avoir pour effet une reprise de la production industrielle. Le chômage a reculé. Mais la dévaluation a été rejetée par les communistes, « comme une solution, dit Jacques Duclos, de nature à faire peser le poids de la crise sur les épaules de la classe ouvrière ». De son côté, lors du débat à la Chambre dans la nuit du 28 au 29 septembre, le radical Georges Bonnet enfonce quelques banderilles dans l'échine du gouvernement, aux applaudissements du centre et de la droite. Au Sénat, le leader radical Joseph Caillaux finit par être convaincu de voter la dévaluation mais refuse les mesures prévues en faveur des salariés et des fonctionnaires, en arguant que les paysans et les rentiers étaient aussi dignes d'intérêt que les ouvriers. « Vous en venez à la dévaluation, s'exclame-t-il, parce que la machine ne pouvait plus tourner. » Ainsi la question monétaire révèle-t-elle les profonds dissentiments de la majorité.

Troisième signe de dislocation, qui confirme le précédent : le congrès du Parti radical qui se tient à Biarritz du 23 au 26 octobre 1936. On y assiste à l'offensive des adversaires du Front populaire, qui sont minoritaires, mais qui en appellent à la base contre les instances dirigeantes. À leurs yeux, les communistes sont responsables des grèves qui continuent à perturber le climat social. Les défilés de rue, les occupations d'usines, la place prise par le Parti communiste dans le paysage politique, tout cela provoque un mécontentement dans les provinces, chez les artisans, les commerçants, les industriels, et même chez les paysans, qui jugent insuffisant le relèvement des prix agricoles. Le congrès de Biarritz se déroule dans une atmosphère inhabituelle dans un congrès radical : on crie, on chahute les orateurs, le président Daladier a beaucoup de mal pour prononcer son discours. Émile Roche paraît le patron de cette opposition, avec Albert Milhaud, des parlementaires comme Georges Bonnet et Paul Marchandeau ; ils ont su faire venir leurs troupes. Leurs attaques contre la majorité portent sur trois registres : la politique extérieure (contre les communistes), la politique financière et monétaire (contre la dévaluation) et la politique générale (constituer une nouvelle majorité, débarrassée des communistes).

Le congrès se termine, malgré les cris et les autres violences verbales, par une motion de synthèse favorable au maintien des radicaux dans le Front populaire, mais une motion assortie d'avertissements inspirés par la minorité pugnace du parti. L'affrontement entre les deux radicalismes est d'ordre tactique : rester dans la majorité ou contribuer à former une nouvelle majorité. Sur le fond, il existe un accord assez large. C'est qu'en termes de classe les radicaux entendent représenter la France moyenne, celle de la petite entreprise, dont les intérêts ne sont pas ceux de la France ouvrière. Divorce sociologique qui n'est pas encore consommé sur le plan politique, mais le congrès de Biarritz annonce la rupture.

Un échec économique

Les possédants et la droite n'ont assurément pas ménagé le gouvernement Blum. La fuite des capitaux a été massive, mais elle avait commencé dès le printemps 1935, en raison du mauvais état de l'économie française. La victoire du Front populaire n'a fait qu'accentuer le mouvement : on a échangé largement des billets contre de l'or, et l'on a mis cet or en sûreté à l'étranger. Entre mai et septembre, on estime à plus de 18 milliards de francs la fuite des capitaux. Léon Blum pouvait-il imposer le contrôle des changes ? C'était condamner le pays à l'isolement économique, et c'est pourquoi la dévaluation est apparue comme la seule solution. Mais, après une reprise à l'automne, les indices se renversent au printemps. Le 10 mars 1937, après avoir annoncé la nécessité d'une « pause » dans les réformes le mois précédent,

Blum croit devoir lancer un emprunt, au taux d'intérêt de 4,5 %, comportant une garantie avantageuse, le paiement des intérêts et du capital pouvant être réglé sur la base du cours du dollar ou de la livre. Quelles que soient les raisons techniques, c'était une sorte de capitulation devant les possédants, afin notamment de faire rentrer les capitaux exportés. Dans le même élan le gouvernement rétablit la liberté en matière d'importation et de commerce de l'or à l'intérieur du territoire. Les résultats n'ont pas été brillants. Nombre d'observateurs jugent que les conflits du travail persistants gênaient la reprise de la production industrielle tandis que les manifestations de rue faisaient peur aux détenteurs de capitaux.

Le Mur d'argent a donc eu sa part de responsabilité dans l'échec de la politique économique et financière du Front populaire, mais il ne s'agit pas d'un complot : ce sont de multiples options individuelles, de la part de gens qui ont peur. Et l'on peut se demander si ce fut la cause déterminante de cet échec.

On peut également s'interroger sur les limites de la compétence de Léon Blum en matière économique. C'est un fait qu'il n'a pas eu de véritable formation en économie politique. Comme la plupart des élus de son époque, il appartient à la catégorie des juristes, des littéraires, des avocats ou des professeurs. Lui-même a été critique littéraire et membre du Conseil d'État avant de se lancer en politique. De l'avis des experts, la dévaluation fut à la fois trop tardive et le taux choisi insuffisant, inférieur à celui des dévaluations d'Angleterre et des États-Unis. Mais surtout il était nécessaire de développer la production industrielle pour maintenir le niveau de vie des Français tout en assurant les moyens de leur défense dans une conjoncture internationale menaçante. Jean-Marcel Jeanneney estime que la production industrielle devait augmenter de 40 % par rapport à 1935, puisque l'indice en était à 79 en 1935 après avoir été de 109 en 1929. Pour y parvenir, il fallait travailler beaucoup : en 1935, la durée du travail était en moyenne dans l'industrie de 44,5 heures par semaine. La loi des 40 heures, selon lui, était donc en contradiction avec l'impératif de la production, en raison notamment de son application rigide. Lors de la négociation, Blum était peut-être favorable à l'assouplissement de la loi : il semble qu'il ait été prêt à accepter une dérogation de huit heures supplémentaires par semaine. Mais Jouhaux et la CGT furent intransigeants : « Les 40 heures pour tout le monde et tout de suite ! » Selon le témoignage de René Belin, rapporté par Georges Lefranc, Léon Blum en écoutant Jouhaux leva les bras au ciel, avant de dire : « Bien, alors, allons-y : les 40 heures pour tous et tout de suite. » Cet épisode ne pose plus la question des compétences du gouvernement et de Léon Blum en particulier, mais de la marge de manœuvre dont ceux-ci disposaient.

Pour beaucoup, derrière Alfred Sauvy, il ne fait pas de doute que la loi des 40 heures est la principale cause des difficultés économiques du Front populaire. L'assouplissement de la loi par Paul Reynaud en 1938 fut suivi d'une reprise qui en apporterait la preuve. D'autres économistes en doutent, tel Jean-Marcel Jeanneney, pour lequel la politique économique du Front populaire n'avait de chance de réussir qu'avec la collaboration des chefs d'entreprise, lesquels avaient été assommés par les hausses de salaires. Le même auteur revient, lors du colloque sur « Léon Blum, chef de gouvernement », sur la méconnaissance des réalités économiques de la part de Léon Blum, car – je le cite – « il sous-estimait la résistance de mécanismes inéluctables ainsi que la force des intérêts particuliers et des préjugés collectifs. Il espérait que l'économie serait malléable à l'enthousiasme. » Jean-Marcel Jeanneney fait cependant valoir que « la responsabilité première du déclin économique de la France après 1931 » incombe aux gouvernements qui précédèrent celui de Léon Blum et qui, « par des mesures simples, de la dévaluation à la hausse générale des niveaux de vie », auraient pu guérir l'économie française.

Pierre Mendès France, participant au même colloque, confirme la médiocrité de l'information économique des dirigeants. Quant à la gauche de 1936, elle savait « fort peu de choses sur la thérapeutique des crises ». Le slogan « ni dévaluation ni déflation » n'avait pas de sens ; Léon Blum aurait dû dévaluer dès son arrivée au pouvoir. Quant aux 40 heures, Mendès France juge que cette loi était inévitable, compte tenu de la psychologie collective des ouvriers. Toutefois la mise en application de la loi aurait dû impliquer une certaine souplesse et le recours aux heures supplémentaires. Pour lui, cette erreur est à mettre au compte « d'une insuffisante connaissance des réalités économiques ». C'est seulement en 1938, lorsque Blum présida un deuxième et éphémère gouvernement que celui-ci s'inspira de Keynes, dont là *Théorie générale* n'avait pas encore été traduite. Georges Boris, qui l'avait lu en anglais, résuma les quelques grandes idées à Léon Blum, mais son plan fut rejeté par le Sénat.

De ce débat d'experts que pouvons-nous conclure ? Que l'échec économique du Front populaire a été dû pour partie à la mauvaise connaissance de l'économie par les dirigeants et les politiques français. Mais aussi que Léon Blum fut pris dans un étau de contradictions entre les exigences de la CGT, porte-parole des ouvriers, les impératifs de la production, les nécessités de la Défense nationale, et l'hostilité des possédants. Il a dû aussi affronter une conjoncture dont les causes étaient largement antérieures à la victoire électorale du Front populaire.

Une guerre « franco-française »

En même temps que les résistances du Mur d'argent, le Front populaire a dû affronter les attaques proprement politiques de ses adversaires. La France a connu un des épisodes les plus intenses de ce que les historiens ont appelé les « guerres franco-françaises ». Déjà en février, lors des obsèques de l'historien de l'*Action française* Jacques Bainville, Léon Blum avait failli être lynché alors qu'il passait boulevard

Saint-Germain, non loin de la Chambre des députés. La Ligue de Maurras avait été dissoute par le gouvernement Sarraut sur-le-champ, ainsi que les Camelots du roi et la Fédération des étudiants d'Action française. Dans la campagne électorale, les candidats de droite dénoncèrent dans le Front populaire à la fois une volonté de guerre et, comme l'écrivait Louis Marin, « la menace de la catastrophe financière, de la ruine économique, de l'émeute dans la rue, de l'anarchie mortelle pour la France. » Lors du débat d'investiture de Léon Blum, le 6 juin 1936, le député Xavier Vallat fit une interpellation carrément antisémite : « Pour la première fois, ce vieux pays gallo-romain sera gouverné par un juif » – un discours que seuls les députés de gauche ont condamné.

Le 18 juin paraissait le décret de dissolution des ligues, en application de la loi du 10 janvier 1936. Étaient visés un certain nombre de groupuscules d'extrême droite, mais aussi les Croix-de-Feu présidés par le colonel de La Rocque. Peu de temps après, La Rocque transforma sa ligue en véritable organisation politique, le Parti social français, qui deviendra la plus grande force de mobilisation contre le Front populaire, disposant d'un million d'adhérents, soit beaucoup plus que le Parti socialiste et le Parti communiste réunis. De son côté, Jacques Doriot, exclu du Parti communiste en 1934, fonde le Parti populaire français (PPF) à la fin du mois de juin, avec l'ambition d'offrir une base ouvrière à l'anticommunisme. Des écrivains et des intellectuels le rallieront, Bertrand de Jouvenel, Pierre Drieu La Rochelle, Ramon Fernandez.

Les écrivains, en effet, prêtèrent souvent leur concours aux adversaires du Front populaire. C'est en 1936 encore qu'une jeune équipe dissidente de l'Action française, avec Robert Brasillach et Lucien Rebatet, prennent la direction de l'hebdomadaire *Je suis partout*, qui développe des idées nettement fascistes. Les grands hebdomadaires de droite, *Candide*, *Gringoire*, de leur côté, tirent à boulets rouges sur Blum et ses alliés. L'affaire Salengro est résultée de cette haine militante.

En août 1936, Henri Béraud entame dans *Gringoire* une campagne d'opinion contre le ministre de l'Intérieur, Roger Salengro. L'accusation porte sur le comportement du ministre pendant la Grande Guerre, au cours de laquelle il aurait déserté et serait passé à l'ennemi avant d'être traduit en Conseil de guerre. L'accusation portait sur le fait que Salengro avait été fait prisonnier et qu'il avait été effectivement traduit en Conseil de guerre par contumace mais déclaré non coupable. Les grandes associations d'anciens combattants auxquelles le dossier Salengro avait été soumis confirmèrent l'innocence du ministre, sans pouvoir mettre un terme à une campagne déchaînée. Un vote à la Chambre disculpa Salengro à une écrasante majorité. Mais l'homme calomnié, blessé dans son honneur, se donna la mort le 18 novembre 1936. Le député de droite Henri de Kérillis accusa le chef du gouvernement dans *L'Écho de Paris* : «Léon Blum porte une atroce responsabilité. On ne va pas chercher ses ministres sur les bancs des Conseils de guerre.» Cet épisode dramatique en dit long sur le climat de haine dans lequel œuvra le gouvernement de Léon Blum.

La guerre civile en Espagne durcit encore les positions des deux camps. Les Français n'intervinrent pas officiellement dans le conflit, mais ils mimèrent dans leur pays cette guerre impitoyable par les discours, les articles de journaux, les manifestes. Si l'on quitte un peu Paris pour Lyon, on peut lire cette espèce de guerre civile larvée dans les deux journaux qui s'opposent, *Le Progrès* radical et *Le Nouvelliste*, un quotidien catholique. Ce journal conservateur parle de la « soviétisation de la France », du « virus rouge » et, à propos de l'Espagne : « Ce que vous appelez fascisme en un terme générique n'est qu'une angoisse, très noble, poussant les individus à se libérer du joug et de l'oppression qu'au nom du Front populaire, le gouvernement et les groupes de la majorité imposent à des catégories très nombreuses de l'opinion du pays. C'est là un mouvement de révolte saine et même sacrée qui s'empare du cœur des Espagnols, et contre lequel nous-mêmes nous nous sentons débordés. Vous avez fait, vous ferez une politique de persécution, de violence et d'extermination contre tout ce qui est de droite. Mais vous vous trompez profondément : plus votre violence sera grande, plus la réaction sera forte. »

La haine du Front populaire à droite et à l'extrême droite sera encore accrue par la menace hitlérienne. Nombre de publicistes et d'écrivains de droite accusent Léon Blum et les communistes de vouloir la guerre, pour abattre le régime nazi. Prenons l'exemple de la revue *Combat*, que dirigent Jean de Fabrègues et Thierry Maulnier. La remilitarisation de la Rhénanie en mars 1936 déclenche une campagne pacifiste qui se retourne contre le Front populaire. Maurice Blanchot, qui y fait ses jeunes armes, écrit, en avril : « Il y a dans le monde, en dehors de l'Allemagne, un clan qui veut la guerre et qui propage insidieusement sous couleurs de prestige et de morale internationale, les cas de guerre. C'est le clan des anciens pacifistes, des révolutionnaires et des Juifs émigrés qui sont prêts à tout pour abattre Hitler et pour mettre fin aux dictatures. » La disposition d'une partie de la droite à laisser faire Hitler, c'est, dans la même revue, Thierry Maulnier qui l'explicitera en novembre 1938 : « Une défaite de l'Allemagne signifierait l'écroulement des systèmes autoritaires qui constituent le principal rempart à la révolution communiste, et peut-être à la bolchevisation immédiate de l'Europe. »

Tous les gens d'extrême droite partagent ce sentiment qui présidera à l'esprit munichois de droite (nous avons vu qu'il y avait un esprit de Munich de gauche aussi). Savez-vous, par exemple, que Charles Maurras, qui avait été condamné à quatre mois de prison pour avoir lancé un véritable appel au meurtre contre Léon Blum, a été l'objet d'un vibrant hommage au Vél'd'Hiv, à sa sortie de prison, le 8 juillet 1937 ? À cette occasion se manifeste un Comité pour « le prix Nobel de la paix à Maurras ». Un comble ! Il suggère qu'on tue Léon Blum « dans le dos » avec un « couteau de cuisine », et ses partisans voudraient en faire un ange de la paix ! Or est présent à cette réunion Louis Marin, qui préside la Fédération républicaine, jusque-là le plus important parti de droite (concurrencée désormais par le PSF). Lui aussi fait de Maurras un défenseur de la paix, de la civilisation française : « La bassesse du Front populaire est mesurée par le traitement infamant qu'il a fait subir à Charles Maurras. Il faut que, par la disparition du Front populaire, la France recouvre sa grandeur. »

Divorce au sein du peuple

Il ne faut pas sous-estimer les nuisances de ce climat de haine et de peur mêlées. La clientèle du Parti radical pouvait y être d'autant plus sensible qu'elle s'est manifestée assez vite, à l'automne certainement, de plus en plus hostile au Front populaire. Le PSF de La Rocque disputait alors au Parti radical son influence sur les classes moyennes et leur fournissait des arguments. La fronde des radicaux s'était exprimée au congrès de Biarritz, on l'a vu. La reprise économique qui a suivi la dévaluation aurait dû jouer en faveur de Léon Blum, mais la situation s'est de nouveau détériorée. La paix sociale, si désirée par les radicaux, est troublée par les grèves et les manifestations de rue. Déjà en novembre 1936 Daladier, tout en affirmant sa fidélité au Front populaire, s'est élevé contre le désordre, la démagogie, l'esprit de surenchère. Une élection partielle dans l'Allier à la fin de 1936 voit la victoire du candidat radical, qui devance nettement les candidats socialiste et communiste. Les échecs du Front populaire deviennent sensibles dans le pays. C'est dans cette conjoncture que Léon Blum annonce la « pause » des réformes en février 1937.

Il faut comprendre, encore une fois, ce que représente socialement le Parti radical. Quand paraissent les décrets d'application de la législation de juin 1936, et notamment le décret sur les 40 heures en janvier 1937, le petit patronat est exaspéré. On peut suivre dans *L'Œuvre*, le quotidien radical, la levée de boucliers de ces petits patrons contre la loi des 40 heures, « désastreuse dans la petite industrie et surtout dans nos corporations du bâtiment [...], catastrophique pour les petits et moyens patrons ». Les doléances affluent dans les fédérations. Des associations de défense des classes moyennes surgissent, tel le Groupement des classes moyennes, animés par les radicaux, Émile Roche en tête.

Dans le divorce qui s'ébauche entre les radicaux et le Front populaire, il faut aussi prendre en compte l'émotion provoquée par les incidents de Clichy du 16 mars 1937. Le PSF local avait décidé de tenir une réunion, une fête de gala avec projection d'un film, à Clichy, fief socialiste et communiste. Les militants de gauche tentent d'interdire la réunion par un assaut musclé qui est arrêté par la police. Celle-ci fait usage de ses armes. Une grave bavure, dont le résultat est 7 morts et 300 blessés. L'extrême gauche accuse le gouvernement et la police ; le Parti communiste exige la dissolution du PSF. Cet incident grave entraîne des réactions au sein du Parti radical. La droite du parti s'insurge : où est la liberté de réunion ? que fait le gouvernement pour retenir les émeutiers du Parti communiste ? Ce sont aussi des radicaux de gauche comme Jean Zay qui expriment leurs critiques au gouvernement : si le PSF est légal, il a le droit comme tout autre parti à la liberté d'expression et de réunion. C'est ce que dit aussi Campinchi, lors du débat à la Chambre sur l'affaire de Clichy : le pays aspire au retour à l'ordre.

Un mois plus tard, se tient à Carcassonne une grande réunion organisée par la Fédération nationale des jeunesses radicales. Le but est clair : le Parti radical doit reprendre son indépendance, vis-à-vis des communistes et des socialistes ; sa mission est de défendre les libertés menacées ; sa vocation est d'aider les classes moyennes à sortir de la crise. Elle regroupe plusieurs milliers de participants, dont une trentaine de parlementaires. Le ton est vif, voire agressif. Un sénateur de l'Aude, Clément Raynaud déclare dans son discours d'accueil : « Ici, pas de collectivisme, ici, défense de la propriété individuelle et de toutes les libertés, ici, maintien de l'ordre ; pas d'organisation syndicale se substituant au gouvernement. » Les paroles des autres orateurs vont dans le même sens : « Pas de drapeau rouge ! pas d'Internationale ! pas de poing levé ! » Il y a bien quelques orateurs, comme Yvon Delbos et Maurice Sarraut, à défendre le gouvernement de Léon Blum mais l'hostilité au Front populaire est la note dominante.

Le lundi 26 avril des petits commerçants envahissent le vélodrome d'Hiver à Paris pour exiger des aménagements à la loi des 40 heures.

D'autres réunions du Parti radical vont suivre, qui vont confirmer Carcassonne, c'est-à-dire le redressement de la droite radicale : à Saint-Gaudens, à Montauban, à Vichy. En mai, Joseph Caillaux, au conseil général de la Sarthe, dénonce la politique économique et sociale du gouvernement. Il s'agit bien d'un affrontement de classes au sein même du Front populaire. Les radicaux s'en prennent à l'«ouvriérisme» de la législation de 1936, au diktat des syndicats, à la prépondérance prise par le Parti communiste. Face au «salariat de droit divin», ils défendent les producteurs indépendants. Daladier est de plus en plus attentif à ces récriminations : oui, en finir avec le désordre, oui, en finir avec la stagnation de l'économie française. La fin du gouvernement Blum est programmée.

Ce qui est intéressant, dans l'histoire du Front populaire, c'est la contradiction, l'antagonisme entre sa dimension populaire justement et sa dimension ouvrière. Car le Front populaire était un appel à toutes les classes – entendons-nous, toutes les classes sauf la bourgeoisie, qui représentait, derrière les «deux cents familles», peut-être un million de personnes, une minorité. Tout le reste, c'était le peuple. La grande manifestation du 14 juillet 1935, c'est un moment «peuple», la victoire électorale, les lendemains de la victoire aussi. Mais, en raison des grèves de 1936 et de la législation sociale qui a suivi, le Front populaire a pris une tournure ouvriériste. *Plebs* l'emporte sur *populus*. En 1936, 40 % des Français ne sont pas salariés, alors qu'aujourd'hui plus de

80 % le sont. L'histoire du Front populaire, c'est la double histoire d'une formidable espérance ouvrière et d'une scission interne entre les deux composantes du peuple.

Chronique d'une mort annoncée

Au printemps 1937, les mouvements de grève, sporadiques, continuent, ce qui exaspère les radicaux. Un théâtre symbolique en a été les travaux de l'Exposition universelle qui devait s'ouvrir à Paris le 1er mai 1937. Or dès l'hiver 1936-1937, les travaux avaient pris un retard inquiétant. Il y a eu l'application fort peu opportune des 40 heures, mais aussi des mouvements revendicatifs avec arrêts de travail. Le commissaire général de l'Exposition, qui s'appelait Labbé, voulut démissionner. L'inauguration n'eut lieu que le 24 mai, et encore les travaux étaient-ils loin d'être achevés. Le président de la République Lebrun, pour donner le change, consacra la plus grande partie de sa visite à... une croisière sur la Seine. Léon Blum paraissait parfois accablé. Ne déclare-t-il pas le 6 juin 1937 à Saint-Léonard, en Haute-Vienne : « Si, par faiblesse, les travailleurs manquaient à la parole de leurs représentants, s'ils répondaient par des violences au lieu d'en appeler à la loi, s'ils confondaient liberté et licence, alors c'est que notre peuple serait incapable de conduire sa vie, de prendre en main sa destinée. »

Les difficultés financières du gouvernement, les sorties d'or, les déficits de la balance commerciale, amènent la demande par le ministre des Finances Vincent Auriol des pleins pouvoirs financiers jusqu'au 31 juillet. Nous sommes le 15 juin, et la Chambre des députés vote ces pleins pouvoirs, mais après un débat mouvementé : n'est-ce pas un aveu d'échec de la part du gouvernement ? On craint que les communistes ne s'abstiennent et qu'une partie des radicaux fasse défection. Finalement, les communistes votent les pleins pouvoirs ainsi que les radicaux. C'est au Sénat, le 20 juin, que Blum est mis en minorité. Les radicaux, menés par Joseph Caillaux et Abel Gardey, respectivement président et rapporteur de la commission des Finances du Sénat, refusent de voter les pleins pouvoirs.

Il ne s'agit pas pourtant d'un divorce entre les députés et les sénateurs du Parti radical. Si les députés ont encore voté pour Léon Blum et le Front populaire (78 contre 22 et 9 abstentions), c'est surtout en raison de leurs accords électoraux. Les sénateurs, eux, ne sont tenus par aucune alliance électorale avec les socialistes et les communistes. En fait les députés radicaux savaient très bien qu'une majorité des sénateurs voteraient contre : ils pouvaient ainsi concilier leur hostilité croissante au Front populaire avec une fidélité apparente. Le 22 juin, un peu plus d'un an après son investiture, le gouvernement Léon Blum donnait sa démission.

Sous la IIIᵉ République, le Sénat s'arrogeait le droit de renverser un gouvernement. Ce n'était pas très clair constitutionnellement parlant. Léon Blum, devant les sénateurs, posa la question : « Le Sénat a-t-il le droit de renverser le gouvernement ? » Le président du Sénat Jules Jeanneney lui répondit : « Le Sénat a le droit de voter librement sur le texte que vous lui présentez, à vous d'en tirer les conséquences que vous jugerez bonnes. » En d'autres termes, Blum pouvait passer outre et revenir devant les députés, en s'appuyant au besoin sur les « masses ». Mais non seulement Léon Blum ne voulait pas franchir ce pas vers la « conquête du pouvoir », c'est-à-dire vers la révolution mais, qui plus est, il était soucieux du danger extérieur : il ne se sentait pas le droit d'affaiblir le pays par une crise institutionnelle.

À moins de s'enfoncer dans un combat de tranchées entre la Chambre et le Sénat qui pouvait durer longtemps, il n'y avait qu'une solution pour rester au pouvoir : la dissolution. C'était le Sénat lui-même qui, à la demande du gouvernement, et avec l'accord du président de la République, pouvait prononcer la dissolution de la Chambre. Mais, à supposer que le Sénat eût refusé la dissolution, il restait une autre solution proposée par Vincent Auriol : la démission des députés de la majorité, qui pouvaient penser être aussitôt réélus. Mais cela n'avait rien de sûr et, dans l'un ou l'autre cas, il fallait le soutien des députés radicaux, qui ne le donnèrent pas : ils n'entendaient nullement résister au Sénat.

Mais ce 22 juin 1937 n'est pas vraiment la fin du Front populaire. Les radicaux, même la droite du Parti radical, sont prudents. Des journaux influents de la mouvance radicale comme *L'Œuvre* et *La Lumière* attaquent vivement les sénateurs. Les tenants du Front populaire, la gauche du parti, dominent toujours : il n'est pas question pour eux de changer de majorité. Du moins pas pour le moment. Et c'est ainsi qu'est investi un ministère Chautemps – un président du Conseil radical de nouveau – dès le 30 juin. Soutenu par les socialistes et les communistes, il obtient les pleins pouvoirs financiers. Dans le Parti radical, Chautemps occupe une position centriste et il a le don de se concilier les sympathies de l'aile droite comme de l'aile gauche. Il a des amis au Sénat, il est sénateur lui-même. L'ambiguïté est évidente. Car dans ce gouvernement de Front populaire les radicaux sont plus nombreux que les socialistes : un « gouvernement de Front populaire à direction radicale ». La droitisation est avérée. C'est Georges Bonnet, c'est-à-dire un des leaders de l'opposition radicale qui devient ministre des Finances à la place de Vincent Auriol (qui prend la Justice). L'orthodoxie financière est de retour. Mettre fin à la crise de la trésorerie, équilibrer le budget, tel est le programme. C'est la politique du Sénat qui est menée à la Chambre. Au fond, Georges Bonnet, utilisant les difficultés financières du gouvernement, prenait des mesures qui, applaudies par la droite, dénotaient une volonté de changer de majorité. Comme en 1926, au temps du Cartel des gauches, les radicaux troqueraient leur alliance avec les socialistes pour une majorité d'union nationale. C'est dire si les tensions étaient extrêmes au sein même du gouvernement.

L'automne de 1937 et le début de 1938 voient la poursuite et même la recrudescence des grèves. Ce climat social agité va encore renforcer la droite du Parti radical. Celle-ci répète que la France est composée de paysans, d'artisans, de classes moyennes, et qu'elle ne doit pas être soumise aux volontés « de 2 à 3 millions d'ouvriers cégétistes et de quelques centaines de familles capitalistes ». À vrai dire, c'est surtout l'extrême gauche qui apparaît comme le danger préoccupant, car le capitalisme est plutôt sur la défensive. Au Sénat, Caillaux et Gardey continuent à sommer le gouvernement de mettre fin aux grèves. Finalement le gouvernement Chautemps ne survivra pas à ses divisions. Le 13 janvier 1938, il condamne à la Chambre l'agitation sociale et en appelle au rétablissement de l'ordre et de la confiance. Les communistes, qui reprochent au gouvernement de différer les réformes sociales, s'abstiendront sur la question de confiance. Chautemps rend alors hardiment « sa liberté » au Parti communiste. Les socialistes décident de démissionner collectivement du gouvernement, ce qui entraîne la chute du ministère.

Il est certain que, pour les radicaux, l'heure du changement de majorité a sonné. Et, logiquement, c'est Georges Bonnet qui est appelé. Cependant il va se heurter aux députés radicaux qui, encore nombreux à la Chambre, ne veulent pas changer de majorité. Le président Lebrun fait alors appel à Chautemps pour qu'il forme un nouveau cabinet, lequel ne se maintiendra que du 18 janvier au 10 mars 1938. Cette fois, les socialistes n'en font plus partie. Le 8 mars, ils refuseront leur appui à Chautemps, qui demandait une délégation de pouvoirs afin d'élaborer un plan d'urgence devant une situation financière catastrophique.

Le 13 mars, Hitler réalise l'Anschluss. Lebrun ayant chargé Léon Blum de former un nouveau gouvernement, celui-ci, eu égard aux menaces extérieures, propose aux groupes de tous les partis de l'aider à constituer un gouvernement d'unité nationale. Il s'adresse même, salle Colbert, à tous les députés de droite réunis pour un appel à l'union. Quelques députés de droite, Paul Reynaud, Henri de Kérillis, Georges Mandel, et les démocrates populaires acceptent, mais la majorité conduite par Flandin rejette l'offre. Blum forme donc un gouvernement appuyé sur la majorité Front populaire. Le deuxième cabinet Blum ne durera que 26 jours, du 13 mars au 10 avril 1938.

Mais une nouvelle vague de grèves se lève à propos des conventions collectives que le patronat ne veut pas reconduire. Le 25 mars, les usines Citroën, Gnome et Rhône, Panhard, Ferodo sont occupées. Le mouvement s'étend. Blum demande alors au Parlement les pleins pouvoirs financiers en vue d'établir un impôt sur le capital et d'établir le contrôle des changes. La scène a déjà été jouée. La Chambre donne son accord (351 voix contre 250) ; le Sénat le refuse (214 contre 47).

La chute du deuxième gouvernement Blum, le 10 avril 1938, marque vraiment la fin du Front populaire, même si, de temps à autre, on verra se reconstituer sur telle ou telle question la majorité de 1936. Car Édouard Daladier, appelé à succéder à Blum, va en plusieurs temps lâcher le Front populaire. Son ministère, composé en large majorité de radicaux – les socialistes ont refusé la participation – obtient le

12 avril 575 voix contre 5. Ce n'est déjà plus un gouvernement de Front populaire, même si l'ancienne majorité le
soutient au départ. La conférence de Munich en septembre
1938 rejettera les communistes définitivement dans l'opposition. Au cours de ce même mois de septembre, Daladier
ne parvient pas à obtenir l'accord de la CGT pour un assouplissement de la loi des 40 heures. Devenu ministre des
Finances le 1er novembre, Paul Reynaud publie une douzaine
de jours plus tard une série de décrets-lois qui remettent
notamment en cause les 40 heures.

Une révolution manquée?

Les réactions de la « rue », des associations, des syndicats, aux déboires de Blum et à la « droitisation » du Front
populaire, seront en fait assez faibles. Il y a bien sûr les
grèves qui se poursuivent tout au long de 1937, et qui ont
repris au printemps 1938. Mais lorsque la CGT décrète une
grève générale pour le mercredi 30 novembre, c'est globalement un échec, malgré l'engagement des mineurs et des
métallos. De nombreux salariés ont considéré qu'il s'agissait
d'une grève politique, voulue par les communistes contre les
accords de Munich. Les divisions sont profondes, mais aussi
la lassitude. Léon Blum reconnut dans *Le Populaire* cet
échec: « À la fin de cette triste journée, en contemplant le
champ de bataille, je n'aperçois pas d'autre vainqueur que
la réaction qui pousse déjà son cri de triomphe. » À cette

date le Front populaire n'est plus qu'un souvenir. La répression, gouvernementale et patronale, suivra.

Naît alors l'idée que le Front populaire a été une «révolution manquée». Cette thèse a été soutenue par Daniel Guérin, qui appartenait à la tendance de la Gauche révolutionnaire de Marceau Pivert, dans son livre *Front populaire, révolution manquée*. C'est la reprise rétrospective du «tout est possible» de Pivert, l'idée que les grèves sans précédent de mai-juin 1936 remettaient en cause la propriété capitaliste et que «tout concourait à frayer, par étapes, la voie d'une authentique révolution», dont Léon Blum fut le grand fossoyeur. Une des raisons est à chercher dans la conscience légaliste du chef socialiste, ainsi que dans sa volonté de défense nationale. Colette Audry, elle aussi ancienne militante de la gauche prolétarienne, écrit, dans *Léon Blum ou la politique du juste*, en 1955 : «Léon Blum avait sacrifié le socialisme à l'union du pays et à la sauvegarde de la paix.» C'était un éloge involontaire.

En fait, si la révolution n'a pas eu lieu, c'est qu'elle ne devait pas se produire : il n'en fut jamais question que dans les rangs des groupes gauchistes et dans la tendance socialiste de la Gauche révolutionnaire. Il existait pourtant un parti léniniste, le PCF. Or, précisément, celui-ci suivait une ligne dont l'objectif premier était la défense de l'URSS : la tactique des Fronts populaires visait à faire obstacle aux forces fascistes de tous les pays qui pouvaient pousser Hitler à une guerre contre l'URSS. Le pacte franco-soviétique de 1935 allait dans le même sens. À l'automne de 1936, Thorez lança même le slogan d'un « Front français », au-delà du Front populaire. Sans doute les communistes devaient-ils ménager les aspirations, les revendications des grévistes, mais la révolution n'était pas du programme. On les a vus attentifs à ne pas mécontenter les radicaux, et rester fidèles à la majorité de l'union de la gauche jusqu'aux accords de Munich. Qui donc pouvait jouer les Lénine et entraîner les grévistes à l'assaut d'un Palais d'Hiver français ?

À supposer qu'il y eût une véritable force de gauche prête à la révolution sans les communistes, elle pouvait être certaine de rencontrer les forces de la droite mobilisées, sans parler de la police et de l'armée. La France de 1936 n'est d'aucune façon la Russie de 1917. Les révolutionnaires ne pouvaient guère compter sur des soldats écœurés par la durée de la Grande Guerre. Toute tentative eût provoqué une guerre civile déchirante et sanglante. Il est certain qu'un Léon Blum et la majorité des socialistes ne voulaient pas être responsables de nouvelles « journées de Juin » (1848) ou d'une nouvelle Commune écrasée dans le sang. Et quelle chance eût été pour Hitler une France déchirée !

Les gauchistes de tout poil croyaient que la meilleure façon de faire de l'antifascisme, c'était de faire la révolution. Or, le fascisme, le vrai, c'était Hitler. De 1936 à 1939, il multiplie ses conquêtes ; la question était de savoir comment l'arrêter. Sans doute Léon Blum a-t-il eu tort de trop miser sur l'alliance anglaise, alors que les Britanniques pratiquaient l'*appeasement* si favorable à Hitler. Du moins a-t-il compris que le pacifisme ne pouvait être la meilleure pratique de l'antifascisme, qu'il fallait réarmer la France. Cela n'était guère compatible avec un projet de révolution et l'effort du réarmement était même en contradiction avec la politique sociale du Front populaire.

On parle de l'échec mais il y a à l'évidence un succès du Front populaire, qui a fait sa postérité. C'est la législation sociale qui est le plus remarquable à cet égard : les congés payés, les conventions collectives, j'hésite à dire les 40 heures à cause de la rigidité première avec laquelle la loi a été appliquée, mais enfin... le travailleur considéré comme une personne et non plus comme un rouage de la production mécanique. C'est un grand moment de l'histoire sociale de la France. Mais pas seulement en raison d'une législation favorable aux ouvriers. En dehors de l'État, en dehors des partis, en dehors même des syndicats, il y a eu ce formidable mouvement de grèves, ces occupations d'usine, qui ont vu des millions de travailleurs se redresser, se tenir debout, défier l'autorité discrétionnaire du patron, et se sentir solidaires les uns des autres. La législation qui a suivi a complété cette ascension d'un peuple dans la dignité. C'est un tournant psychologique dans la conscience ouvrière.

Mais les images pieuses ne doivent pas nous aveugler. Le Front populaire a été un échec politique (majorité brisée au bout d'une année), économique (la France est restée dans la crise) et aussi un échec de l'objectif premier du Front : faire pièce au fascisme. Car le vrai fascisme était à l'extérieur, ce que d'aucuns n'ont pas voulu voir.

CHAPITRE 6
GOUVERNER

L'expérience du Front populaire pose une question capitale, celle de la vocation de la gauche à gouverner. Le problème, cependant, ne se pose pas aujourd'hui comme hier ou avant-hier. La gauche, en France, a d'abord été la gauche républicaine, qui s'est constituée contre les tenants de la monarchie et de l'empire. Cette gauche-là a su gouverner sans complexe. Elle a d'abord vaincu les forces conservatrices et réactionnaires lors de la crise du 16 mai 1877, qui fut l'occasion de la fondation véritable de la IIIe République. Le gouvernement Combes, issu de la victoire du Bloc des gauches en 1902, n'a pas d'état d'âme : il pratique une politique de laïcité, qui est alors le maître mot de la gauche, contre le « parti clérical ». Tout va changer à partir du moment, entre les deux guerres, où cette gauche républicaine, incarnée par le Parti radical, est rattrapée et dépassée par la gauche socialiste qui se réclame d'une révolution à accomplir par la lutte des classes et la dictature du prolétariat.

Nous touchons ici à un moment décisif de notre histoire politique contemporaine. À partir de 1936, le Parti socialiste, en raison de la première place qu'il a conquise à gauche, est amené à assumer les responsabilités gouvernementales. Or il n'y est pas disposé, parce qu'il ne veut pas jouer les rustines de la société capitaliste. Et d'autant moins que, depuis le congrès de Tours de décembre 1920, il est concurrencé sur sa gauche par un Parti communiste qui se donne pour le seul parti authentiquement révolutionnaire. Les socialistes comme Léon Blum ou Paul Faure qui, au moment de Tours, ont voulu rester dans la « vieille maison », entendaient montrer aux communistes que la scission de 1920 était accidentelle, car, sur le fond, ils étaient d'accord avec les communistes, ils aspiraient comme eux à créer une société sans classe, et cette idée impliquait un moment révolutionnaire. La place naturelle des socialistes était donc dans l'opposition, quitte à ménager des alliances électorales avec le Parti radical. Jusqu'en 1936, le Parti socialiste refuse toute participation au pouvoir, malgré les appels des radicaux, notamment de Daladier. Le fossé doctrinal était beaucoup plus profond entre socialistes et radicaux qu'entre socialistes et communistes.

En même temps, le Parti socialiste était partie prenante dans l'histoire républicaine et parlementaire : devait-il refuser le pouvoir de manière intransigeante ? N'y avait-il pas moyen d'exercer ce pouvoir en régime capitaliste aux fins de faire avancer des réformes favorables à la condition ouvrière ? Pour s'en sortir, j'y ai déjà fait allusion, Léon Blum a mis au point une théorie qui différenciait l'*exercice* du pouvoir de la *conquête* du pouvoir. C'est en 1926 qu'il a exposé la distinction conceptuelle entre l'un et l'autre. Alors que la conquête du pouvoir est un acte révolutionnaire visant le changement de la société, l'exercice, lui, découlait d'une situation parlementaire, n'avait pas d'objectif révolutionnaire, et impliquait le respect des institutions ainsi que du régime capitaliste. Mais cette acceptation du pouvoir dans des circonstances particulières pouvait provoquer la déception des militants et des électeurs socialistes. De fait, Alain Bergounioux et Gérard Grunberg ont employé dans un ouvrage récent sur les socialistes et le pouvoir deux mots qui ne cessent de traduire le comportement du Parti socialiste depuis l'époque du Front populaire. Ces deux mots sont : *ambition* et *remords*. L'ambition est maximale, c'est changer le régime, instaurer le socialisme. Mais c'est un projet lointain, peut-être inaccessible. Et quand le Parti arrive au pouvoir, forcément contraint par les conditions objectives, la conjoncture, le rapport des forces, il n'accomplit qu'une partie d'un programme minimum, qui laisse ses fidèles déçus et ses dirigeants pleins de remords. Les socialistes ne cessent de gouverner *honteusement,* comme si leur mission était altérée par l'exercice du pouvoir.

Le refus de la social-démocratie à la française

On dit parfois que la gauche finit toujours par échouer en matière économique, et l'échec du Front populaire semble en être la meilleure illustration. Mais, à mon sens, l'échec économique n'est pas le principal problème. Évidemment, hostiles au régime capitaliste, les socialistes ne sont pas faits pour le gérer au mieux. Mais il faudrait prouver que la droite, de son côté, gère au mieux l'économie. L'alternative n'est pas entre économie libérale et économie administrée, ça c'est purement théorique. Quand on est au pouvoir, en régime libéral, on se demande quelle est la meilleure ou la moins mauvaise politique possible. Il n'y a pas que des principes, il y a aussi des compétences qui sont en jeu. Faut-il ou non procéder à une dévaluation ? C'était une question clé en 1936, et Blum a trop tardé à dévaluer. Mais les gouvernements de droite qui l'ont précédé n'avaient pas fait mieux, alors que les Anglais avaient dévalué la livre dès 1931. Au moment du Front populaire, il me semble que l'incompétence en matière économique a pesé plus lourd que le poids de la doctrine. À cela s'est ajouté, ce qui n'était pas prévu au départ, le coût d'une législation sociale peu en accord avec le redémarrage économique. Mais cette législation sociale, quel gouvernement de gauche l'eût refusée devant un mouvement social sans précédent ?

Avec François Mitterrand, c'est une autre paire de manches, parce que le Parti socialiste avait un programme, et notamment un programme de nationalisations à 100 % fort coûteux, ainsi qu'un programme social qui ne l'était pas moins. Il s'en est suivi une série de dévaluations et un retour à l'orthodoxie libérale, sans que pour autant ni François Mitterrand ni les dirigeants socialistes aient constaté et

opéré une révision doctrinale. La « rupture avec le capitalisme », aussi peu constatable dans les faits, restait l'objectif
dans les mots.

Ce que les socialistes français n'ont jamais pleinement
accepté, à l'encontre des autres partis socialistes en Europe,
c'est le compromis social-démocrate : l'acceptation de l'économie de marché et la volonté de faire, dans cette économie
de marché, une politique de protection et de progrès social.
Le révisionnisme du PS est toujours furtif, plus implicite
qu'explicite, et s'il est observable dans l'exercice du pouvoir,
il est refusé dans la plupart des congrès, ces congrès où l'on
s'efforce de refaire l'unité du parti, forcément à gauche.

On n'a jamais eu, comme en Allemagne, un Bad
Godesberg : en 1959, au congrès de Bad Godesberg, le parti
social-démocrate allemand avait renoncé au programme
marxiste et donnait définitivement à la « social-démocratie »
la définition que nous utilisons de nos jours : non plus la définition sociologique de l'union parti-syndicat-coopératives,
mais la définition théorique qu'on appelle le « révisionnisme »
à l'endroit du marxisme et de l'objectif révolutionnaire. Le
SPD osait faire l'*aggiornamento* doctrinal qu'avait réclamé en
1898-1899 Eduard Bernstein, c'est-à-dire mettre au rancart les
thèses de Marx et accepter pleinement ce que les Scandinaves,
les Autrichiens, les Belges, les Anglais à leur manière à
travers le travaillisme, avaient depuis toujours accepté :
un socialisme réformiste. La social-démocratie, c'était le
compromis entre l'économie de marché et l'État-providence.

Chez les Français, rien de tel. Un Bad Godesberg rampant, sans éclat, timide, rien qui ressemble à un grand manifeste : on restait quelque peu honteux de devenir des réformistes.

C'est le congrès de Bad Godesberg qui a permis aux Allemands de faire des compromis sans honte. Le dernier en date, qui est, pour un Français, quasiment extraordinaire, c'est évidemment l'acceptation de former un gouvernement avec les chrétiens-démocrates d'Angela Merkel. On peut citer un article d'une de ses députés SPD, Angelica Schwall-Düren, qui, dans *Le Monde* du 19 novembre 2005, écrivait dans la page « Débat » : *Leçon de réalisme allemand à l'usage du PS*, avec pour sous-titre : « Amis Français, donnez-vous la peine de comprendre les bonnes raisons qui ont conduit les sociaux-démocrates allemands à accepter de gouverner avec l'Union chrétienne démocrate d'Angela Merkel. » Nous sommes dans deux univers différents. Pour les sociaux-démocrates allemands, ce qui compte, c'est la lutte concrète contre le chômage, contre les inégalités, en faveur de la croissance, de réformes qui permettent de faire face au défi de la mondialisation, des mutations de tous ordres, démographiques et sociales. Pour cela, ils acceptent, non seulement de gouverner quand ils ont la majorité, mais même quand ils ne l'ont pas, de faire alliance provisoire, dans l'intérêt du peuple allemand. C'est une attitude réaliste qui est incompréhensible aujourd'hui de la part des dirigeants et des militants socialistes français.

Dès lors, on peut parfois se demander si la g...
France, est pleinement une force de gouvernement. Après tou...,
il y a des partis assez puissants qui n'ont jamais gouverné,
comme le Parti communiste. Georges Lavau, un politologue,
avait attribué au Parti communiste la « fonction tribuni-
cienne ». En face d'un parti dominant, au pouvoir, le PCF
fédérait les oppositions, les revendications, les critiques du
régime. C'était aussi le cas du Parti communiste italien au
temps de la démocratie chrétienne dominante chez nos voisins. Le PS pourrait ainsi prendre le relais, représenter la plus
grande force de contestation, tandis que la droite gouverne.
Avouez que ce n'est pas le plus beau modèle de démocratie. En Grande-Bretagne, en Allemagne, en Scandinavie,
en Espagne, etc., la gauche, sous ses différentes appellations,
est bien une force de gouvernement.

La gauche en France, et le Parti socialiste en particulier,
doit accepter l'épreuve gouvernementale comme normale,
en sachant bien que gouverner exige des choix, face à des
contraintes pesantes, et qu'il en résulte toujours de la déception. Mais gouverner, c'est gouverner l'ensemble du pays ;
ce n'est pas seulement répondre aux attentes de ses partisans. Il faut souvent prendre des mesures impopulaires, faire
voter des lois qui paraissent peu conformes avec l'idéal de
gauche. C'est donc toute une culture de gouvernement qu'il
faut acquérir et qui, pour des raisons historiques, n'a pas été
celle du mouvement socialiste. La difficulté est évidemment
de montrer qu'on fait néanmoins une politique « de gauche »,

Ce sont deux modèles qu'Alain Bergounioux et Gérard Grunberg opposent justement comme des références entre lesquelles les socialistes doivent choisir. D'un côté il y avait un écart, une sorte de schizophrénie, entre une pratique réformiste et une doctrine antilibérale – c'est le modèle « mitterrandien » ou « néo-mitterrandien », disent-ils –, de l'autre, il y aurait une pratique « jospinienne » ou « néo-jospinienne », qui consiste à rapprocher le discours et les actes.

Le Parti socialiste souffre encore de ce modèle mitterrandien, que l'on peut, du reste, replacer dans la tradition guesdiste. Que faisait Jules Guesde dans la SFIO? Ni plus ni moins que ce qu'a fait Mitterrand : il pratiquait une politique réformiste tout en se proclamant marxiste pur et dur. C'est cette tradition-là qui me paraît dommageable pour le parti. Aux yeux de ses électeurs, il se révèle forcément décevant au pouvoir. On a toujours l'impression qu'il trahit ses promesses et ses convictions.

L'impossibilité d'une social-démocratie à la française s'est jouée dès la fondation de la SFIO en 1905. Cette année-là naissait un Parti socialiste unifié (SFIO) ou presque unifié (il restait des indépendants hors parti), qui se disait « ouvrier » mais qui manquait sérieusement de base ouvrière. En effet, le mouvement socialiste en France a pris du retard sur le mouvement ouvrier proprement dit. Cela pour des raisons historiques ; on peut y voir une des conséquences de la Commune de Paris de 1871, de sa répression féroce par le gouvernement de Versailles, et de l'exil des chefs révolutionnaires. C'est à partir des grèves que des syndicats se sont constitués, fédérés dans la CGT en 1895 – une CGT qui s'agrandit de la Fédération des bourses du travail en 1902. Ce syndicalisme a revendiqué dès ses origines une autonomie, une indépendance vis-à-vis des groupes socialistes, cette volonté d'indépendance qui allait être proclamée dans une motion du congrès d'Amiens de 1906, qu'on appelle la « charte d'Amiens ». La CGT défendait, elle aussi, un projet socialiste, se réclamait de la lutte des classes, mais s'affirmait comme un syndicalisme d'« action directe » (contre le patronat), sans truchement partisan, sur le « terrain économique ». Le but de son action était l'« émancipation intégrale » des travailleurs, qui ne peut se réaliser que par l'« expropriation capitaliste ». Ainsi le syndicalisme qu'on appellera révolutionnaire, s'il partage le même but que le socialisme SFIO – abattre le régime capitaliste – affirme l'indépendance de son action, le syndicat étant considéré comme la base de la réorganisation sociale.

Jamais le Parti socialiste, la SFIO et le PS, ne parviendra à constituer une alliance solide entre mouvement politique et mouvement syndical, et c'est ainsi qu'il n'a jamais pu être véritablement un parti social-démocrate suivant le modèle allemand. Paradoxalement, c'est le Parti communiste, foncièrement hostile à la social-démocratie, qui réussira à nouer cette union, tout en prenant des gants, entre parti et syndicat, d'abord avec la CGTU, puis avec la CGT d'après la scission de 1947-1948.

Or si le Parti socialiste n'était pas un véritable parti ouvrier, il n'était pas davantage un grand parti démocrate : à sa naissance en 1905, il n'est qu'une des composantes de la gauche. Ce sont les républicains, ceux de 1848, ceux des années 1870-1880, qui ont instauré en France le régime démocratique, sur la base du suffrage universel et des libertés publiques. Le Parti socialiste en a bénéficié, il n'en a pas été l'inventeur, contrairement à tous ces partis sociaux-démocrates d'Europe centrale et d'Europe du Nord, qui tous ont bataillé pour le suffrage universel. Ce décalage chronologique a compté dans la formation culturelle du socialisme français : il ne s'est pas senti le gardien privilégié de la démocratie et du suffrage universel, puisqu'ils existaient avant sa naissance. On voit bien, par exemple, lors de l'affaire Dreyfus, combien Guesde et les guesdistes sont réfractaires au principe de la « défense républicaine ». Ainsi, c'est avant 1914, avant 1920 et la naissance du communisme en France, que le Parti socialiste a pris ses caractères propres. Il est un parti de masse, mais ses effectifs sont très faibles ; un parti soi-disant ouvrier, mais sans base ouvrière ; un parti révolutionnaire, mais fortement intégré dans une république parlementaire, dont il représente l'extrême gauche, avant que le Parti communiste ne prenne sa place.

La tradition révolutionnaire

Ce langage de la rupture, auquel le PS n'a jamais vraiment renoncé, se situe dans la tradition révolutionnaire de la gauche en France. Il y a, dans notre histoire, un héritage,

celui de la Révolution, qui n'a pas cessé d'inspirer des atti-
tudes, des démarches, une culture. 1789, c'est le grand mythe
du changement de la société à partir de ce moment clé que
l'on appelle « révolution ». C'est le choc brutal : la rupture
plutôt que l'évolution. Ce choc initial de la Révolution, qui a
eu sa grandeur, a nourri tout un imaginaire : la gauche en
France a toujours estimé que la Révolution n'était pas
achevée. C'était vrai au début du XIXᵉ siècle : la Révolution
avait laissé place à un régime autoritaire, celui de Bonaparte,
puis de Napoléon, avant la Restauration et la monarchie de
Juillet. Il fallait reprendre le flambeau révolutionnaire, ce
qui a été fait en 1830, en 1848, en 1871 avec la Commune
de Paris. La barricade, l'action violente, la manifestation
sont au cœur de la culture de la gauche française – il n'y a
aucun pays où il y ait autant de manifestations qu'en France.
L'idée domine que ce sont les masses qui font l'histoire, que
la rue doit, comme dans les grands épisodes de la Révolution,
imposer son pouvoir.

Bref, pour un homme de gauche qui connaît son histoire,
la France, c'est la révolution. Et à chaque fois, il peut penser
qu'il y a un progrès : 1789 crée l'égalité civile, les Droits de
l'homme, 1830 abat définitivement la monarchie de droit
divin, 1848 impose le suffrage universel, la Commune de
Paris est une geste héroïque, même si ses avantages sont
moins évidents. Vous avez encore les images des barricades
de la Libération de Paris. Au XXᵉ siècle reste dans les esprits
cette disposition révolutionnaire, cet idéal, que l'on retrouve
à travers maint courant de la gauche et du socialisme. C'est

ce que l'on a pu appeler un « surmoi révolutionnaire », qui entraîne les militants et même les dirigeants du Parti socialiste, quand ils ne sont pas au pouvoir, non pas à programmer la révolution, mais à faire en sorte que celle-ci demeure une éventualité. On ne s'est jamais débarrassé de cela. Bien entendu, on ne peut l'imaginer aujourd'hui dans les termes de Lénine en 1917 ou même de Blanqui en 1848. Mais l'idée persiste que l'on n'en a jamais fini avec les puissants, les riches, les capitalistes, et qu'il faut changer la vie, changer de société.

Que disait Marx ? « Les Anglais nous ont apporté la science économique, les Allemands la philosophie de l'histoire et les Français la pratique révolutionnaire. » Il y a une sorte de spécificité, de spécialité française, qui est la révolution et à laquelle Marx rendait hommage. Mais le marxisme n'a jamais été profondément enraciné en France. Je préfère parler de l'« esprit révolutionnaire ». En France, la révolution existait avant que les œuvres de Marx ne soient connues. Au moment de la Commune de Paris, très peu de révolutionnaires français connaissent le marxisme, la Commune est un mouvement typiquement français, nourri de républicanisme, de révolutionnarisme, d'anticléricalisme, etc.

Le marxisme qui a été introduit en France par l'intermédiaire, notamment, de Jules Guesde et du guesdisme, est un marxisme assez élémentaire. Lutte des classes, dictature du prolétariat, chute inévitable du capitalisme, création d'un parti révolutionnaire, voilà quelques éléments fondamentaux, qui vont inspirer la conception guesdiste du parti. Jaurès, lui, s'oppose à ce modèle du parti et reste très indépendant vis-à-vis de Marx. Issu d'une tradition républicaine, il a adhéré au socialisme sur le terrain à travers les grèves. Le marxisme n'est jamais véritablement devenu la théorie officielle du Parti socialiste, la nécessité de la révision ne s'est donc pas imposée. Ajoutons qu'on n'acceptait pas le révisionnisme de Bernstein, parce qu'il voulait faire basculer la social-démocratie dans le réformisme et qu'en France on restait profondément attaché à l'idéal de la Révolution. Jaurès lui-même ne s'est jamais prononcé contre l'idéal révolutionnaire.

Il y a un paradoxe apparent, en France : la chute du mur de Berlin, l'effondrement du système soviétique n'ont pas nui à l'extrême gauche. Au contraire, semble-t-il : elle a connu une nouvelle vitalité au cours des quinze dernières années. Deux facteurs l'expliquent. Le premier, c'est cette culture révolutionnaire qui ne s'est jamais effacée. Quand elle s'efface des esprits des seniors, elle réapparaît dans l'esprit des cadets, comme si c'était une plantation française qui ne cessait de renouveler ses fruits. Le deuxième, c'est que le communisme soviétique discréditait le socialisme : c'était le régime du goulag, de l'échec économique. Lorsque dans les années 1970, la critique anticommuniste, antisoviétique de gauche a été portée à son niveau le plus élevé, le modèle révolutionnaire a été affaibli. Au contraire, après 1989, quand on a été débarrassé de ce modèle infernal, on a pu de nouveau rêver. On pouvait repartir de zéro, et c'est ainsi que l'on a vu renaître cette culture d'extrême gauche.

La vitalité nouvelle de cette extrême gauche pèse lourd sur les orientations du Parti socialiste. Depuis ses origines, il a été porté vers un objectif révolutionnaire. Quand Guesde l'a emporté au congrès d'Amsterdam de 1904, qui a été à l'origine de la réunification de 1905, c'est sur cette base révolutionnaire de lutte des classes que le parti a été fondé en doctrine. Par la suite, la naissance du Parti communiste n'a fait qu'entretenir cet idéal révolutionnaire. Léon Blum et les socialistes, je l'ai dit, n'ont jamais voulu laisser au Parti communiste le monopole de l'idéal révolutionnaire. Toujours flanqués, désormais, sur leur gauche, par un parti marxiste-léniniste, plus ouvrier, plus radical, et qui portait bien haut le drapeau rouge, les socialistes n'ont pas voulu baisser les armes de la révolution.

Aujourd'hui ce Parti communiste ne représente plus grand-chose, mais pour aiguillonner le PS, il reste tous ces groupes et groupuscules d'extrême gauche, trotskistes, alter-mondialistes, qui continuent de donner mauvaise conscience à un parti divisé. Je dirais même que tous les socialistes sont divisés, ils ont comme Janus deux têtes. D'un côté, on adhère au Parti socialiste au nom d'un idéal, pour « changer la vie », la rendre plus fraternelle, plus égale. De l'autre, il y a la responsabilité gouvernementale, qui fixe des limites, des contraintes, et on s'aperçoit que changer la vie ne se décrète pas. Cela ne se fait que par une longue série de réformes, de socialisme municipal (qui est une école de réalisme, comme le communisme municipal d'ailleurs), de travail de proximité de longue haleine, qui est forcément décevant pour des gens qui attendent des résultats immédiats. Il y a donc dans chaque socialiste ce divorce entre l'idéal et le réalisme.

Parler d'« anti-libéralisme », comme on le fait aujourd'hui à l'intérieur du Parti socialiste et à l'extrême gauche, est un non-sens. Le libéralisme a été au XIXᵉ siècle, comme son nom l'indique, l'ensemble doctrinal de la libération : libération de la pensée, liberté de conscience, liberté religieuse, liberté d'expression, liberté de la presse, etc. Comment peut-on enterrer tout cela sous le vocable d'anti-libéralisme ? Le libéralisme, évidemment, avait aussi une dimension économique : c'était l'économie de marché, la concurrence. Pourquoi ne dit-on pas « anti-capitalisme » ? Probablement parce qu'on ne voit pas de régime d'alternance possible au capitalisme. Le seul régime d'économie administrée par le haut, le régime soviétique, a été définitivement enterré par son bilan de faillite. Alors qu'est-ce qu'un régime qui ne serait pas capitaliste, qui ne serait pas soviétique, qui ne serait pas socialiste ? On est à la recherche d'une formule... Se dire anti-libéral est une façon de s'en sortir.

L'impossible union

L'échec du Front populaire, c'est aussi l'échec de l'union des gauches. Celle-ci est indispensable pour gagner. On a vu il y a peu la catastrophe qu'a été pour le Parti socialiste, et la gauche dans son ensemble, le premier tour de l'élection présidentielle, le 21 avril 2002. Il y a depuis longtemps deux gauches en France, la gauche proprement dite et la gauche de la gauche. La ligne de clivage passe à l'intérieur du PS, ce qui complique encore un peu la donne. Le paysage n'est plus du tout celui du Front populaire. En 1936, l'union des gauches repose sur trois forces principales qui, sans être absolument égales, sont tout de même proches les unes des autres par le nombre des suffrages (environ 15 % pour le PCF, 21 % pour la SFIO et 20 % pour les radicaux). Lors de l'élection présidentielle de 2002, il y a bien un parti hégémonique, le PS, mais il n'obtient que 16 % des voix, et le Parti communiste 3,4 %, devancé par la candidate Laguiller de Lutte ouvrière avec 5,7 %, Mamère candidat des Verts avec 5,25 %, et par l'autre candidat trotskiste Besancenot avec 4,25 %, tandis que la radicale Taubira obtient 2,3 % et Chevènement (on ne sait plus trop s'il faut le classer à gauche) 5,33 %. On a donc un extraordinaire émiettement de la gauche et de l'extrême gauche. Un émiettement suicidaire, si l'on songe qu'entre Le Pen, qui sera présent au second tour, et Jospin il n'y a que 0,68 % d'écart. Jospin a bien été victime de cette pulvérisation qui montre à quel point l'union – au moins celle de la gauche dite plurielle : socialistes, communistes, radicaux et Verts – est indispensable. Si l'on additionne les pourcentages obtenus par la gauche plurielle (donc sans l'ultra gauche), on obtient 26,95 % des suffrages : c'eût été largement suffisant à Lionel Jospin pour franchir le premier tour.

Qu'est-ce qui a manqué à la gauche pour avoir son candidat unique ou, à tout le moins, pour éviter de se compter sur au moins quatre candidats ? Il existe sans doute un problème de *leadership* : la gauche n'a plus à sa tête de personnalité indiscutable, charismatique, comme furent en leur temps Jaurès, Blum, comme aurait pu l'être Mendès France, et comme le fut à sa manière Mitterrand. Jospin et son parti ont été dans l'incapacité – mais l'ont-ils seulement voulu ? – de convaincre leurs alliés de la nécessité de l'union. Reverra-t-on le même scénario en 2007 ? Et ne parlons pas de l'extrême gauche qui, loin d'avoir un candidat unique, a eu le ridicule d'en avoir trois, les trois étant trotskistes !

Cette situation absurde s'explique donc par la faiblesse du Parti socialiste, mais aussi par le particularisme échevelé des formations de gauche et d'extrême gauche. L'élection présidentielle leur permet une visibilité unique dans l'opinion, et chacune entend défendre son droit à l'existence, au détriment de l'échec final et global de la gauche. À quoi sert aujourd'hui un Parti communiste, fondé sur le marxisme-léninisme que l'histoire a complètement désavoué ? Butte-témoin d'une autre époque qui se survit par ce qu'il lui reste de sa force organisationnelle, de ses liens avec la CGT, d'une sympathie progressiste, le PCF représente surtout une force de nuisance pour la gauche : Robert Hue n'a même pas obtenu 4 % en 2002, mais ces 4 % auraient largement suffi à Lionel Jospin pour passer au second tour. Autre butte-témoin : le Parti radical. Je sais bien qu'on peut défendre l'idée qu'il faut à côté du Parti socialiste un parti républicain, mais étant donné ses piètres résultats électoraux, on peut dire de lui que, sans renouveau, sans redressement, il est ce que je disais du PCF : une force de nuisance. Et l'idée agitée en ce début d'année 2006 que Bernard Tapie pourrait être son candidat laisse pantois. Les Verts, quant à eux, n'auraient jamais dû s'organiser en parti politique. La cause qu'ils défendaient au départ était celle d'un groupe de pression, d'une ligue comme on disait autrefois; l'ambition politique a dévoyé le mouvement des Verts, dont les dirigeants sont devenus des politiciens, divisés entre eux pour prendre la direction du parti.

Toutes ces sensibilités, communiste, radical-socialiste, écologique, pouvaient, peuvent encore trouver leur place dans un grand parti socialiste où la liberté d'expression existe, où l'on peut même constituer des courants. Le principal étant qu'à un moment donné de la discussion, la discipline de parti et la règle majoritaire aient le dernier mot. La notion de « centralisme démocratique » n'a jamais été qu'une fiction dans le Parti communiste qui l'inventa. Mais, quand on l'applique, c'est une bonne pratique : on discute partout et de tout, dans les sections, les fédérations, les congrès, et puis on finit par appliquer la ligne décidée démocratiquement. Rien n'a été plus lamentable comme pratique de parti que ce qui s'est passé en vue du référendum du 29 mai 2005 sur le traité constitutionnel européen. Les militants du PS avaient voté en faveur du oui. Dès lors, les minoritaires, favorables au non, devaient ou se rallier au oui, ou se taire. Il n'en fut rien. Le manque total de sanction à ce sujet m'a profondément choqué, même si je ne suis qu'un observateur. Un parti, et a fortiori un parti de gauche, qui n'a pas de discipline n'est pas crédible. C'est le Parti socialiste qui a instauré la discipline de vote au Parlement; le même parti doit instaurer ou restaurer la discipline d'action dans ses rangs.

Un des maux de notre société politique est la montée aux extrêmes. Je ne parle pas de l'extrême droite, ce n'est pas ici le sujet. Mais le comble est que l'extrême droite a désormais son symétrique avec l'extrême gauche. Ses candidats obtiennent des scores estimables, autant de suffrages perdus pour la gauche. Leurs électeurs ne croient pas du tout dans leurs chimères révolutionnaires, à l'exception d'un faible minorité, généralement juvénile. Ce sont des candidats protestataires : on vote pour eux négativement, pour dire non aux partis politiques dominants. L'élection présidentielle leur permet d'exister, notamment par le truchement de la télévision. Le principe de réalité est le cadet de leur souci : être ou ne pas être, telle est leur question.

Le problème du PS, parti dominant, est d'apparaître à tous ces électeurs potentiels qui votent pour d'autres à la fois comme un parti de rupture et comme un parti de gouvernement. La ligne de clivage passe en son sein, je l'ai dit. D'un côté, les réalistes à la François Hollande, à la Dominique Strauss-Kahn, qui savent ce qu'est gouverner, qui connaissent le monde dans lequel nous vivons, ses limites, ses contraintes, et qui, en raison même de leur lucidité, ne peuvent que déplaire aux autres, ceux qui veulent « chambouler » (je reprends une expression de F. Engels) le régime politique et économique dans lequel nous vivons. D'un côté donc, les réformistes et, de l'autre, je ne dirai pas les révolutionnaires, car qui croit aujourd'hui en la révolution ?, disons les chambouleurs, les entrepreneurs en démolition, les maximalistes. La tentation est ainsi de tenir un discours pur et dur et, une fois au gouvernement, ne plus se soucier des résolutions de congrès, des engagements de campagne, au risque de provoquer de nouveau la déception, le dépit et, pour les dirigeants, le remords dont nous parlions.

Il faudrait que les réformistes, les sociaux-démocrates, aient le courage d'imposer leur ligne, de faire la révision de leurs utopies. Il me semble que Lionel Jospin avait trouvé la formule à partir de laquelle le discours et l'action peuvent se rapprocher : « Oui à une économie de marché, non à une société de marché. » L'économie de marché, elle est là, elle existe et, après l'expérience désastreuse des économies administrées, des collectivismes misérables, l'économie de marché n'a plus de concurrente. Il faut donc s'y adapter, du mieux possible, pour que l'échange libre et la concurrence ne soient pas des chaînes pour l'être humain. D'où l'effort nécessaire de réglementation : économie de marché, oui, mais selon une règle du jeu, des contrôles internationaux, dont les grandes institutions supranationales ont la responsabilité et dans lesquelles la gauche doit défendre ses principes. La logique d'une économie de marché sans frein est qu'elle sécrète peu à peu une société de marché, c'est-à-dire une société où tout finit par s'évaluer selon des critères financiers, des critères de profit. De l'économie, on passe à la culture, à l'enseignement, à la formation des esprits. Le politique doit reconquérir sa place fondamentale : c'est lui et non l'économique qui doit régir une société d'hommes libres. La gauche a de quoi faire dans ce combat. Et pour commencer, dire bien haut ce qu'elle veut, ce qu'elle peut faire, quel est le sens de son action. Nous avons tous besoin d'une vision globale de notre univers contemporain, et ce n'est pas avec les idées d'un passé révolu que nous saurons construire cette vision de l'avenir.

Quel « projet socialiste » ?

Le PS, au congrès du Mans, en novembre 2005, a affirmé sa volonté de mettre au point un « projet socialiste ». Qu'est-ce que le socialisme ? Historiquement, c'est un projet de société harmonieuse, qui repose sur la transformation des rapports de production par l'abolition de la propriété privée – même si à propriété privée, il faut ajouter : des grands moyens de production, des grands services, etc. Socialisme vaut collectivisme. Qui parle aujourd'hui d'un « projet socialiste » qui aurait ce sens-là ? La défense des services publics, le refus de nouvelles privatisations, voire la volonté de nouvelles nationalisations à 100 % (du type de la résolution du congrès du Mans, en novembre 2005, sur EDF), cela n'est nullement « socialiste ». Dès lors, dans l'impossibilité de réaliser l'ambition initiale de changer le mode de production au profit de l'État ou d'autres instances collectives (en son temps Jaurès écrivait que socialisme, collectivisme et communisme étaient synonymes), le PS ne devrait-il pas changer d'appellation ? La réponse est que les habitudes sont ce qu'elles sont. Il y a belle lurette qu'aux yeux de tout le monde le Parti socialiste n'est plus un parti révolutionnaire s'il l'a jamais été. On l'appelle socialiste en sachant bien qu'il n'est nullement socialiste, pas plus que le Parti qu'on appelait « radical » est radical. C'est une désignation historique qui n'engage plus. Évidemment, ce serait plus clair de se désigner comme parti social-démocrate. Mais l'appellation, longtemps péjorative en France, parce qu'elle se référait justement à une révision interdite du corpus révolutionnaire, paraîtrait aux yeux des militants affadir ou droitiser (péché mortel !) le parti. Donc, même si le terme est ambigu, acceptons cette loi de rémanence qui veut que les partis historiques gardent leur appellation d'origine sans conséquence.

Il existe cependant une ambiguïté fondamentale due à la permanence de cette appellation qui, à l'usage, s'est révélée fausse car inadaptée. Pour beaucoup, « socialisme » veut dire opposition au libéralisme, ou au « néo-libéralisme ». Mais, à partir du moment où la révolution est un horizon impossible, voire fort peu souhaitable, en raison des précédentes expériences révolutionnaires socialistes, pourquoi ne pas accepter une bonne fois que nous sommes dans une société libérale ? C'est à partir des réalités que l'on construit une politique. Voici un exemple pour illustrer une certaine forme d'auto-aveuglement si préjudiciable à la gauche. En 2004 a été publié un rapport officiel issu d'un groupe de travail présidé par Michel Camdessus : « Le sursaut. Vers une nouvelle croissance pour la France. » Ce groupe de travail était formé d'une vingtaine de personnes de divers horizons qui ont tous cosigné le rapport, paru à la Documentation française. Il s'agit non seulement d'un état des lieux (surendettement public, chômage, inégalité, pauvreté, décrochage de la croissance, etc.), mais aussi, de manière positive, une série de propositions concrètes visant au « sursaut ». Le Parti socialiste a réagi sans tarder : il s'agissait d'un rapport d'inspiration « néo-libérale », *ergo* sans intérêt. Son vice suprême était qu'il avait été commandé par un ministre de l'Économie qui s'appelle Sarkozy.

Je ne veux pas charger la gauche et innocenter la droite : le sectarisme politique, l'habitude de réduire la politique à un positionnement systématique par rapport à l'adversaire, est aussi bien de droite que de gauche. Mais nous parlons de la gauche et du Parti socialiste à vocation gouvernementale. Que n'a-t-il discuté sérieusement ce rapport au lieu de l'accabler sous une étiquette dépourvue de sens ? Si on lit ce rapport, on se demande en quoi il est d'une inspiration idéologique « néo-libérale » : il mérite le débat, on peut adopter certaines des pistes de redressement qu'il propose. Mais le rapport gênait sans doute aussi en mettant en avant un fait capital : la moindre quantité de travail que les Français fournissent par rapport à leurs partenaires étrangers. Les 35 heures, dues au gouvernement Jospin, et l'âge moyen de la retraite très inférieur à celui de nos voisins, étaient évidemment en question. Pourtant, c'est le travail des uns qui crée le travail des autres. Travailler plus est une nécessité économique dont, apparemment, les socialistes ne veulent pas entendre parler. J'ai pris cet exemple pour illustrer le refus du réel que manifeste trop souvent la posture « socialiste ».

Déjà le raisonnement sous le Front populaire était de diminuer l'horaire hebdomadaire de travail (à 40 heures) pour *partager* le travail disponible comme s'il s'agissait d'une quantité fixe. Nous savons depuis 1936 que la baisse des taux d'activité, loin de guérir le chômage, provoque une moindre croissance ou interdit la reprise. Au contraire, c'est dans les pays où la durée du travail et les taux d'activité sont élevés que le chômage est le plus faible. Les socialistes vont-ils continuer à promettre le beurre et l'argent du beurre ? Personnellement, j'ai été marqué par Pierre Mendès France, lequel ne cessait de répéter que pour faire du « social » il faut que la machine économique marche. J'espère donc que, si les socialistes reviennent vainqueurs en 2007, ils auront à cœur de s'inspirer des idées ou de certaines de ces idées contenues dans ce rapport Camdessus, au lieu de les jeter à la corbeille sous l'étiquette douteuse de « néo-libérales ».

On a pu croire que le PS était devenu un parti réformiste, qui s'assumait comme tel en théorie aussi. Déjà, lors du congrès de l'Arche, en 1991, les rocardiens avaient fait admettre qu'il fallait en finir avec l'éternel guesdisme (intransigeance doctrinale et pratique réformiste). Un certain nombre de déclarations du temps où Lionel Jospin était Premier ministre laissaient entendre que la mue était faite.

Et puis, après la défaite de Jospin à la présidentielle de 2002, très mécaniquement, le Parti socialiste, de retour dans l'opposition, a voulu se refaire une santé « à gauche ». L'échec même de Jospin était expliqué par le fait que le PS n'avait pas su être assez « à gauche ». Fouetté dans le même temps par les succès de l'extrême gauche trotskiste et autres, le

PS se jetait dans la critique du « néo-libéralisme », le nouvel épouvantail. Décidément, il n'y avait pas moyen de s'affirmer social-démocrate. Avant le congrès du Mans du mois de novembre 2005, on a lu un ouvrage et des interviews de Michel Rocard, qui ont eu un grand succès dans l'opinion (son livre *Si la gauche savait* était un des best-sellers de la rentrée), mais qui ne semble pas avoir eu la moindre influence au sein de son parti. L'obsession de ce congrès n'était pas la clarté, comme le demandait Rocard, mais l'unité. La clarté, dans le sens d'une affirmation du réformisme, menaçait le parti d'une scission. L'unité à tout prix impliquait la confusion. La motion de synthèse finale, renforcée du côté gauche, permettait la réintégration des minoritaires qui avaient préconisé le « non » au référendum du 29 mai 2005 sur le traité constitutionnel européen. On pouvait chanter victoire, entonner *L'Internationale*, se tenir au chaud entre soi, mêler des propositions irréalisables à des affirmations de bon sens, tout cela ne semblait avoir aucune importance à côté de ce qui comptait : le navire socialiste n'avait pas sombré, l'équipage se serrait les coudes, et le Premier secrétaire était réconforté à la barre du parti. Au PS, les baisers Lamourette se donnent sur la joue gauche ; au pouvoir, on verra bien !

En tant que citoyen, ce jeu m'irrite, me navre, me désole. En tant qu'historien, j'en discerne les sources anciennes. Le tout est de savoir si, un jour, les socialistes s'émanciperont de ce poids écrasant de l'histoire – son « surmoi révolutionnaire » –, pour devenir un vrai parti de gouvernement.

TABLE DES MATIÈRES

DU MÊME AUTEUR

Histoire politique de la revue « Esprit », 1930-1950, Seuil, « L'Univers historique », 1975, rééd. sous le titre.

« Esprit ». Des intellectuels dans la Cité, 1930-1950, Seuil, « Points Histoire », n° 200, 1996.

La République se meurt. Chronique 1956-1958, Seuil, 1978, Gallimard, « Folio », 1985.

« La Gauche depuis 1968 », in Jean Touchard, *La Gauche en France depuis 1900,* Seuil, « Points Histoire », n° 26, 1977.

Mémoires d'un communard. Jean Allemane, présentation, notes et postface, Maspero, 1981.

Édouard Drumont et Cie. Antisémitisme et fascisme en France, Seuil, « XXe siècle », 1982.

La Fièvre hexagonale. Les grandes crises politiques, 1871-1968, Calmann-Lévy, 1986, Seuil, « Points Histoire », n° 97, 1999.

Chronique des années soixante, « Le Monde » et Seuil, « XXe siècle », 1987, « Points Histoire » n° 136.

1789. L'année sans pareille, « Le Monde » et Ortan, 1988 ; Hachette, « Pluriel », 1989.

Nationalisme, Antisémitisme et Fascisme en France, Seuil, « Points Histoire », n° 131, 1990 et 2004.

L'Échec au roi, 1791-1792, Orban, 1991.

Le Socialisme en France et en Europe XIXe-XXe siècle, Seuil, « Points Histoire », n° 162, 1992.

Les Frontières vives, Journal de la fin du siècle (1991), Seuil, 1992.

Parlez-moi de la France, Plon, 1995 ; Seuil, « Points », n° 336, 1997.

Le Siècle des intellectuels, [prix Médicis essai 1997], Seuil, 1997 ; « Points », n° 613, 1999.

1914-1918, raconté par Michel Winock, Perrin, 1998.

La France politique. XIXᵉ-XXᵉ siècle, Seuil, 1999, et « Points Histoire »,
n° 256, 1999 et 2003.
Les Voix de la liberté. Les écrivains engagés au XIXᵉ siècle, [prix R. de
Jouvenel de l'Académie française], Seuil, 2001 et « Points »,
n° P1038, 2002.
La Belle Époque. La France de 1900 à 1914, Perrin, 2002.
Jeanne et les Siens, récit, [prix Eugène Colas de l'Académie fran-
çaise], Seuil, 2003 et « Points », n° P1263, 2004.
La France et les juifs de 1789 à nos jours, [prix Montaigne de la ville
de Bordeaux, 2005], Seuil, 2004.
Pierre Mendès-France, Bayard /BnF, 2005.
Victor Hugo dans l'arène politique, Bayard, 2005.

Mis en pages par DV Arts Graphiques à Chartres,
cet ouvrage a été achevé d'imprimer
par *Normandie Roto Impression s.a.s., à Lonrai (61250),*
pour le compte de Bayard Éditions

Dépôt légal : avril 2006 – N° d'édition : 2914 – N° d'impression : 060721
Imprimé en France